JN450381

# 말씀 먹는 성경 따라쓰기

## 잠언

주니어아가페 편집부 엮음

주니어 아가페

# 말씀 먹는 어린이

## ❶ 말씀으로 무장해요

사탄에게 시험 받으신 예수님은 말씀으로 모든 유혹을 이겨내셨어요(마 4:1-11).
하나님은 우리에게 전신갑주(엡 6:10-20)를 주셨어요.
말씀을 먹고 영혼이 자라면 하나님의 전신갑주를 입고
악한 날에 쓰러지지 않고 굳건히 설 수 있어요.

## ❷ 말씀대로 살아요

하나님의 말씀은 캄캄한 어둠 속에서도 우리가 가야 할 진리의 길을 알려주는
등불이자 밝은 빛이에요(시 119:105).
언제나 말씀이 우리를 바른 길로 인도할 수 있도록 말씀을 사랑하고
말씀에 순종하는 어린이가 되기로 약속해요.

## ❸ 하나님의 성품을 닮아가요

우리는 하나님의 형상을 닮은 존재로 창조되었어요(창 1:27).
말씀을 따라 영혼이 성장하면 하나님의 성품(갈 5:22-23)을 닮은 어린이가 될 수 있어요.

## ❹ 언제나 하나님과 함께해요

노아는 하나님의 뜻을 따라 하나님과 함께 살았어요(창 6:9).
예수님도 하나님과 동행하셨어요(요 8:29).
하나님을 사랑하고 말씀대로 사는 어린이는 하나님과 언제나 함께해요.

## ❺ 세상의 빛과 소금이 되어요

예수님은 우리에게 세상의 빛과 소금이라고 말씀하셨어요(마 5:13-16).
하늘에 계신 하나님은 우리를 통해 영광을 받으세요.

## 잠언을 쓰기 전에

잠언은 예수님이 탄생하기 전 1000-700년 정도에 기록된 성경으로 솔로몬이 대부분을 썼어요. 그 외에 아굴 왕, 르무엘 왕 등의 글도 있어요. 이 책은 하나님을 높이고 사랑하는 것이 지혜의 시작임을 가르쳐주어요. 더불어 지혜로운 삶이 무엇인지도 자세하게 말해 주어요. 『말씀 먹는 성경 따라쓰기-잠언』을 통해 지혜의 말씀을 마음에 깊이 새겨보세요. 하나님의 뜻을 깨닫고 의로운 삶을 살아가도록 많은 도움을 줄 거예요.

## 말씀 먹는 순서

### 1 먼저 기도해요

말씀을 읽거나 쓰기 전에 말씀을 잘 씹어 소화할 수 있도록 준비하는 시간이에요. 마음을 차분히 하고 기도하며 하나님께 집중해 보세요.

### 2 말씀을 읽고 따라써요

몸에 좋은 영양소가 가득한 음식을 꼭꼭 씹어 삼키는 시간이에요. 영혼의 양식인 말씀을 눈으로 보면서 소리내어 읽고, 밑글씨를 따라 천천히 한 글자씩 쓰며 맛있게 먹어요.

### 3 한번 더 기억해요

좋은 영양소가 우리 몸에서 소화되어 필요한 곳으로 흡수되는 시간이에요. 말씀을 외우고 기억하는 과정에서 마음에 새겨요.

### 4 말씀대로 살기로 기도해요

영양소 가득한 식사로 뼈와 근육이 튼튼해지는 시간이에요. 말씀대로 살도록 기도하며 하나님께 나아가요.

# 1장

## 솔로몬의 잠언

1 다윗의 아들 이스라엘 왕 솔로몬의 잠언이라
2 이는 지혜와 훈계를 알게 하며 명철의 말씀
을 깨닫게 하며
3 지혜롭게, 공의롭게, 정의롭게, 정직하게 행
할 일에 대하여 훈계를 받게 하며
4 어리석은 자를 슬기롭게 하며 젊은 자에게
지식과 근신함을 주기 위한 것이니
5 지혜 있는 자는 듣고 학식이 더할 것이요 명
철한 자는 지략을 얻을 것이라
6 잠언과 비유와 지혜 있는 자의 말과 그 오묘
한 말을 깨달으리라

## 젊은이에게 주는 교훈

7 여호와를 경외하는 것이 지식의 근본이거늘

미련한 자는 지혜와 훈계를 멸시하느니라
8 내 아들아 네 아비의 훈계를 들으며 네 어미
의 법을 떠나지 말라
9 이는 네 머리의 아름다운 관이요 네 목의 금
사슬이니라
10 내 아들아 악한 자가 너를 꾈지라도 따르지
말라
11 그들이 네게 말하기를 우리와 함께 가자 우
리가 가만히 엎드렸다가 사람의 피를 흘리
자 죄 없는 자를 까닭 없이 숨어 기다리다가
12 스올 같이 그들을 산 채로 삼키며 무덤에 내
려가는 자들 같이 통으로 삼키자
13 우리가 온갖 보화를 얻으며 빼앗은 것으로
우리 집을 채우리니
14 너는 우리와 함께 제비를 뽑고 우리가 함께
전대 하나만 두자 할지라도
15 내 아들아 그들과 함께 길에 다니지 말라 네

발을 금하여 그 길을 밟지 말라
16 대저 그 발은 악으로 달려가며 피를 흘리는
데 빠름이니라
17 새가 보는 데서 그물을 치면 헛일이겠거늘
18 그들이 가만히 엎드림은 자기의 피를 흘릴
뿐이요 숨어 기다림은 자기의 생명을 해할
뿐이니
19 이익을 탐하는 모든 자의 길은 다 이러하여
자기의 생명을 잃게 하느니라

### 지혜가 부른다

20 지혜가 길거리에서 부르며 광장에서 소리를
높이며
21 시끄러운 길목에서 소리를 지르며 성문 어
귀와 성중에서 그 소리를 발하여 이르되
22 너희 어리석은 자들은 어리석음을 좋아하
며 거만한 자들은 거만을 기뻐하며 미련한
자들은 지식을 미워하니 어느 때까지 하겠

느냐
23 나의 책망을 듣고 돌이키라 보라 내가 나의
영을 너희에게 부어 주며 내 말을 너희에게
보이리라
24 내가 불렀으나 너희가 듣기 싫어하였고 내
가 손을 폈으나 돌아보는 자가 없었고
25 도리어 나의 모든 교훈을 멸시하며 나의 책
망을 받지 아니하였은즉
26 너희가 재앙을 만날 때에 내가 웃을 것이며
너희에게 두려움이 임할 때에 내가 비웃으
리라
27 너희의 두려움이 광풍 같이 임하겠고 너희
의 재앙이 폭풍 같이 이르겠고 너희에게 근
심과 슬픔이 임하리니
28 그 때에 너희가 나를 부르리라 그래도 내가
대답하지 아니하겠고 부지런히 나를 찾으리
라 그래도 나를 만나지 못하리니

29 대저 너희가 지식을 미워하며 여호와 경외
하기를 즐거워하지 아니하며
30 나의 교훈을 받지 아니하고 나의 모든 책망
을 업신여겼음이니라
31 그러므로 자기 행위의 열매를 먹으며 자기
꾀에 배부르리라
32 어리석은 자의 퇴보는 자기를 죽이며 미련
한 자의 안일은 자기를 멸망시키려니와
33 오직 내 말을 듣는 자는 평안히 살며 재앙의
두려움이 없이 안전하리라

### 말씀 정리하기

잠언 1장을 지은 솔로몬은 지혜의 왕입니다. 솔로몬은 백성이 나쁜 악을 멀리하고 하나님의 지혜를 구하는 사람이 되기를 바랐습니다. 하나님께 뛰어난 지혜를 선물 받은 솔로몬은 잠언 대부분을 기록하였으며, 잠언을 통해 하나님의 백성답게 살아가는 방법을 가르쳐줍니다.

### 말씀대로 살기로 기도해요

하나님, 나쁜 악을 멀리하고 하나님의 지혜를 구하는 어린이가 되고 싶어요. 잠언 말씀을 통해 하나님의 자녀답게 살아가는 방법과 지혜를 배우게 해주세요.

# 2장

## 지혜가 주는 유익

1 내 아들아 네가 만일 나의 말을 받으며 나의
계명을 네게 간직하며
2 네 귀를 지혜에 기울이며 네 마음을 명철에
두며
3 지식을 불러 구하며 명철을 얻으려고 소리
를 높이며
4 은을 구하는 것 같이 그것을 구하며 감추어
진 보배를 찾는 것 같이 그것을 찾으면
5 여호와 경외하기를 깨달으며 하나님을 알게
되리니
6 대저 여호와는 지혜를 주시며 지식과 명철
을 그 입에서 내심이며
7 그는 정직한 자를 위하여 완전한 지혜를 예비

하시며 행실이 온전한 자에게 방패가 되시나니
8 대저 그는 정의의 길을 보호하시며 그의 성
도들의 길을 보전하려 하심이니라
9 그런즉 네가 공의와 정의와 정직 곧 모든 선
한 길을 깨달을 것이라
10 곧 지혜가 네 마음에 들어가며 지식이 네 영
혼을 즐겁게 할 것이요
11 근신이 너를 지키며 명철이 너를 보호하여
12 악한 자의 길과 패역을 말하는 자에게서 건
져 내리라
13 이 무리는 정직한 길을 떠나 어두운 길로 행하며
14 행악하기를 기뻐하며 악인의 패역을 즐거워
하나니
15 그 길은 구부러지고 그 행위는 패역하니라
16 지혜가 또 너를 음녀에게서, 말로 호리는 이
방 계집에게서 구원하리니
17 그는 젊은 시절의 짝을 버리며 그의 하나님

의 언약을 잊어버린 자라

18 그의 집은 사망으로, 그의 길은 스올로 기울
어졌나니

19 누구든지 그에게로 가는 자는 돌아오지 못
하며 또 생명 길을 얻지 못하느니라

20 지혜가 너를 선한 자의 길로 행하게 하며 또
의인의 길을 지키게 하리니

21 대저 정직한 자는 땅에 거하며 완전한 자는
땅에 남아 있으리라

22 그러나 악인은 땅에서 끊어지겠고 간사한
자는 땅에서 뽑히리라

**말씀 정리하기**

지혜를 찾는 사람이 얻을 좋은 것에 대해 소개합니다. 하나님을 알고 높이는 사람은 악한 길을 걷지 않고 하나님을 닮아가는 믿음생활을 합니다. 하나님을 믿지 않는 사람은 망하여 없어질 것을 따라가지만, 하나님을 믿으면 풍성한 은혜와 축복 가운데 살게 됩니다.

**말씀대로 살기로 기도해요**

하나님, 하나님의 지혜를 구합니다. 악인의 길로 가지 않고, 언제나 하나님을 알고 높이는 믿음의 어린이로 살게 해주세요.

# 3장

## 젊은이에게 주는 교훈

1 내 아들아 나의 법을 잊어버리지 말고 네 마
음으로 나의 명령을 지키라
2 그리하면 그것이 네가 장수하여 많은 해를
누리게 하며 평강을 더하게 하리라
3 인자와 진리가 네게서 떠나지 말게 하고 그
것을 네 목에 매며 네 마음판에 새기라
4 그리하면 네가 하나님과 사람 앞에서 은총
과 귀중히 여김을 받으리라
5 너는 마음을 다하여 여호와를 신뢰하고 네
명철을 의지하지 말라
6 너는 범사에 그를 인정하라 그리하면 네 길
을 지도하시리라
7 스스로 지혜롭게 여기지 말지어다 여호와를

경외하며 악을 떠날지어다
8 이것이 네 몸에 양약이 되어 네 골수를 윤택
하게 하리라
9 네 재물과 네 소산물의 처음 익은 열매로 여
호와를 공경하라
10 그리하면 네 창고가 가득히 차고 네 포도즙
틀에 새 포도즙이 넘치리라
11 내 아들아 여호와의 징계를 경히 여기지 말
라 그 꾸지람을 싫어하지 말라
12 대저 여호와께서 그 사랑하시는 자를 징계
하시기를 마치 아비가 그 기뻐하는 아들을
징계함 같이 하시느니라
13 지혜를 얻은 자와 명철을 얻은 자는 복이 있
나니
14 이는 지혜를 얻는 것이 은을 얻는 것보다 낫
고 그 이익이 정금보다 나음이니라
15 지혜는 진주보다 귀하니 네가 사모하는 모

든 것으로도 이에 비교할 수 없도다
16 그의 오른손에는 장수가 있고 그의 왼손에
는 부귀가 있나니
17 그 길은 즐거운 길이요 그의 지름길은 다 평
강이니라
18 지혜는 그 얻은 자에게 생명 나무라 지혜를
가진 자는 복되도다
19 여호와께서는 지혜로 땅에 터를 놓으셨으며
명철로 하늘을 견고히 세우셨고
20 그의 지식으로 깊은 바다를 갈라지게 하셨
으며 공중에서 이슬이 내리게 하셨느니라
21 내 아들아 완전한 지혜와 근신을 지키고 이
것들이 네 눈 앞에서 떠나지 말게 하라
22 그리하면 그것이 네 영혼의 생명이 되며 네
목에 장식이 되리니
23 네가 네 길을 평안히 행하겠고 네 발이 거치
지 아니하겠으며

24 네가 누울 때에 두려워하지 아니하겠고 네
가 누운즉 네 잠이 달리로다
25 너는 갑작스러운 두려움도 악인에게 닥치는
멸망도 두려워하지 말라
26 대저 여호와는 네가 의지할 이시니라 네 발
을 지켜 걸리지 않게 하시리라
27 네 손이 선을 베풀 힘이 있거든 마땅히 받을
자에게 베풀기를 아끼지 말며
28 네게 있거든 이웃에게 이르기를 갔다가 다
시 오라 내일 주겠노라 하지 말며
29 네 이웃이 네 곁에서 평안히 살거든 그를 해
하려고 꾀하지 말며
30 사람이 네게 악을 행하지 아니하였거든 까
닭 없이 더불어 다투지 말며
31 포학한 자를 부러워하지 말며 그의 어떤 행
위도 따르지 말라
32 대저 패역한 자는 여호와께서 미워하시나

3장 33~35절

정직한 자에게는 그의 교통하심이 있으며
33 악인의 집에는 여호와의 저주가 있거니와
의인의 집에는 복이 있느니라
34 진실로 그는 거만한 자를 비웃으시며 겸손
한 자에게 은혜를 베푸시나니
35 지혜로운 자는 영광을 기업으로 받거니와
미련한 자의 영달함은 수치가 되느니라

### 말씀 정리하기

지혜의 말씀에 겸손하게 순종할 때 얻는 여러 가지 축복을 소개합니다. 지혜로운 사람은 오래도록 복을 누리며 평안하게 살고, 하나님께 특별히 사랑과 은혜를 받습니다. 또 이웃에게 착한 일을 하는 정직한 사람도 복을 받습니다. 하나님은 정직하고 겸손한 사람에게 은혜를 베푸십니다.

### 말씀대로 살기로 기도해요

하나님, 지혜의 말씀에 순종하는 어린이가 되게 해주세요. 주변 사람들에게 착한 일을 하고, 언제나 정직하고 겸손한 믿음의 어린이가 되게 해주세요.

# 4장

## 지혜와 명철을 얻으라

1 아들들아 아비의 훈계를 들으며 명철을 얻
기에 주의하라
2 내가 선한 도리를 너희에게 전하노니 내 법
을 떠나지 말라
3 나도 내 아버지에게 아들이었으며 내 어머
니 보기에 유약한 외아들이었노라
4 아버지가 내게 가르쳐 이르기를 내 말을 네
마음에 두라 내 명령을 지키라 그리하면 살
리라
5 지혜를 얻으며 명철을 얻으라 내 입의 말을
잊지 말며 어기지 말라
6 지혜를 버리지 말라 그가 너를 보호하리라
그를 사랑하라 그가 너를 지키리라

7 지혜가 제일이니 지혜를 얻으라 네가 얻은
모든 것을 가지고 명철을 얻을지니라
8 그를 높이라 그리하면 그가 너를 높이 들리
라 만일 그를 품으면 그가 너를 영화롭게 하
리라
9 그가 아름다운 관을 네 머리에 두겠고 영화
로운 면류관을 네게 주리라 하셨느니라
10 내 아들아 들으라 내 말을 받으라 그리하면
네 생명의 해가 길리라
11 내가 지혜로운 길을 네게 가르쳤으며 정직
한 길로 너를 인도하였은즉
12 다닐 때에 네 걸음이 곤고하지 아니하겠고
달려갈 때에 실족하지 아니하리라
13 훈계를 굳게 잡아 놓치지 말고 지키라 이것
이 네 생명이니라
14 사악한 자의 길에 들어가지 말며 악인의 길
로 다니지 말지어다

15 그의 길을 피하고 지나가지 말며 돌이켜 떠
나갈지어다
16 그들은 악을 행하지 못하면 자지 못하며 사
람을 넘어뜨리지 못하면 잠이 오지 아니하며
17 불의의 떡을 먹으며 강포의 술을 마심이니라
18 의인의 길은 돋는 햇살 같아서 크게 빛나 한
낮의 광명에 이르거니와
19 악인의 길은 어둠 같아서 그가 걸려 넘어져
도 그것이 무엇인지 깨닫지 못하느니라
20 내 아들아 내 말에 주의하며 내가 말하는 것
에 네 귀를 기울이라
21 그것을 네 눈에서 떠나게 하지 말며 네 마음
속에 지키라
22 그것은 얻는 자에게 생명이 되며 그의 온 육
체의 건강이 됨이니라
23 모든 지킬 만한 것 중에 더욱 네 마음을 지키
라 생명의 근원이 이에서 남이니라

4장 24~27절

24 구부러진 말을 네 입에서 버리며 비뚤어진
말을 네 입술에서 멀리 하라
25 네 눈은 바로 보며 네 눈꺼풀은 네 앞을 곧게
살펴
26 네 발이 행할 길을 평탄하게 하며 네 모든 길
을 든든히 하라
27 좌로나 우로나 치우치지 말고 네 발을 악에
서 떠나게 하라

**말씀 정리하기**

4장을 쓴 사람은 아버지께 배운 말씀을 기억하며 아들에게 똑같이 가르칩니다. 생명을 주는 지혜의 길을 걷도록 가르치며, 죄가 가득한 악인의 길을 피하라고 경고합니다. 특히 20-27절에서는 무엇보다 마음을 지키는 것이 중요하다는 것을 가르쳐줍니다.

**말씀대로 살기로 기도해요**

하나님, 죄가 가득한 악인의 길을 피하고 생명의 길인 지혜를 따르고 싶어요. 무엇보다 내 마음을 잘 지키는 어린이가 되게 해주세요.

# 5장

## 사지와 스올로 가지 말라

1 내 아들아 내 지혜에 주의하며 내 명철에 네
귀를 기울여서
2 근신을 지키며 네 입술로 지식을 지키도록
하라
3 대저 음녀의 입술은 꿀을 떨어뜨리며 그의
입은 기름보다 미끄러우나
4 나중은 쑥 같이 쓰고 두 날 가진 칼 같이 날
카로우며
5 그의 발은 사지로 내려가며 그의 걸음은 스
올로 나아가나니
6 그는 생명의 평탄한 길을 찾지 못하며 자기
길이 든든하지 못하여도 그것을 깨닫지 못
하느니라

7 그런즉 아들들아 나에게 들으며 내 입의 말
을 버리지 말고
8 네 길을 그에게서 멀리 하라 그의 집 문에도
가까이 가지 말라
9 두렵건대 네 존영이 남에게 잃어버리게 되
며 네 수한이 잔인한 자에게 빼앗기게 될까
하노라
10 두렵건대 타인이 네 재물로 충족하게 되며
네 수고한 것이 외인의 집에 있게 될까 하노라
11 두렵건대 마지막에 이르러 네 몸, 네 육체가
쇠약할 때에 네가 한탄하여
12 말하기를 내가 어찌하여 훈계를 싫어하며
내 마음이 꾸지람을 가벼이 여기고
13 내 선생의 목소리를 청종하지 아니하며 나
를 가르치는 이에게 귀를 기울이지 아니하
였던고
14 많은 무리들이 모인 중에서 큰 악에 빠지게

되었노라 하게 될까 염려하노라

15 너는 네 우물에서 물을 마시며 네 샘에서 흐
르는 물을 마시라

16 어찌하여 네 샘물을 집 밖으로 넘치게 하며
네 도랑물을 거리로 흘러가게 하겠느냐

17 그 물이 네게만 있게 하고 타인과 더불어 그
것을 나누지 말라

18 네 샘으로 복되게 하라 네가 젊어서 취한 아
내를 즐거워하라

19 그는 사랑스러운 암사슴 같고 아름다운 암
노루 같으니 너는 그의 품을 항상 족하게 여
기며 그의 사랑을 항상 연모하라

20 내 아들아 어찌하여 음녀를 연모하겠으며
어찌하여 이방 계집의 가슴을 안겠느냐

21 대저 사람의 길은 여호와의 눈 앞에 있나니
그가 그 사람의 모든 길을 평탄하게 하시느
니라

22 악인은 자기의 악에 걸리며 그 죄의 줄에 매
이나니
23 그는 훈계를 받지 아니함으로 말미암아 죽
겠고 심히 미련함으로 말미암아 혼미하게
되느니라

## 말씀 정리하기

죄를 짓도록 유혹하는 사람을 멀리하고, 젊었을 때 결혼한 아내를 사랑하라는 교훈입니다. 악한 길을 가면 그 죄로 인해 엄청난 대가를 치릅니다. 명예와 재물을 잃고, 수명이 짧아지며, 건강도 망가지고, 영혼에도 큰 상처를 입습니다.

## 말씀대로 살기로 기도해요

하나님, 죄가 몸과 영혼을 망가뜨린다는 것을 알게 되었어요. 나쁜 죄를 짓도록 유혹하는 사람을 조심하고 멀리하게 해주세요. 제 몸과 마음을 잘 지키도록 도와주세요.

# 6장

## 실제적 교훈

1 내 아들아 네가 만일 이웃을 위하여 담보하
며 타인을 위하여 보증하였으면
2 네 입의 말로 네가 얽혔으며 네 입의 말로 인
하여 잡히게 되었느니라
3 내 아들아 네가 네 이웃의 손에 빠졌은즉 이
같이 하라 너는 곧 가서 겸손히 네 이웃에게
간구하여 스스로 구원하되
4 네 눈을 잠들게 하지 말며 눈꺼풀을 감기게
하지 말고
5 노루가 사냥꾼의 손에서 벗어나는 것 같이,
새가 그물 치는 자의 손에서 벗어나는 것 같
이 스스로 구원하라
6 게으른 자여 개미에게 가서 그가 하는 것을

보고 지혜를 얻으라
7 개미는 두령도 없고 감독자도 없고 통치자
도 없으되
8 먹을 것을 여름 동안에 예비하며 추수 때에
양식을 모으느니라
9 게으른 자여 네가 어느 때까지 누워 있겠느
나 네가 어느 때에 잠이 깨어 일어나겠느냐
10 좀더 자자, 좀더 졸자, 손을 모으고 좀더 누
워 있자 하면
11 네 빈궁이 강도 같이 오며 네 곤핍이 군사 같
이 이르리라
12 불량하고 악한 자는 구부러진 말을 하고 다
니며
13 눈짓을 하며 발로 뜻을 보이며 손가락질을
하며
14 그의 마음에 패역을 품으며 항상 악을 꾀하
여 다툼을 일으키는 자라

15 그러므로 그의 재앙이 갑자기 내려 당장에
멸망하여 살릴 길이 없으리라
16 여호와께서 미워하시는 것 곧 그의 마음에
싫어하시는 것이 예닐곱 가지이니
17 곧 교만한 눈과 거짓된 혀와 무죄한 자의 피
를 흘리는 손과
18 악한 계교를 꾀하는 마음과 빨리 악으로 달
려가는 발과
19 거짓을 말하는 망령된 증인과 및 형제 사이
를 이간하는 자이니라

### 훈계와 명령

20 내 아들아 네 아비의 명령을 지키며 네 어미
의 법을 떠나지 말고
21 그것을 항상 네 마음에 새기며 네 목에 매라
22 그것이 네가 다닐 때에 너를 인도하며 네가
잘 때에 너를 보호하며 네가 깰 때에 너와 더
불어 말하리니

23 대저 명령은 등불이요 법은 빛이요 훈계의
책망은 곧 생명의 길이라
24 이것이 너를 지켜 악한 여인에게, 이방 여인
의 혀로 호리는 말에 빠지지 않게 하리라
25 네 마음에 그의 아름다움을 탐하지 말며 그
눈꺼풀에 홀리지 말라
26 음녀로 말미암아 사람이 한 조각 떡만 남게
됨이며 음란한 여인은 귀한 생명을 사냥함
이니라
27 사람이 불을 품에 품고서야 어찌 그의 옷이
타지 아니하겠으며
28 사람이 숯불을 밟고서야 어찌 그의 발이 데
지 아니하겠느냐
29 남의 아내와 통간하는 자도 이와 같을 것이라
그를 만지는 자마다 벌을 면하지 못하리라
30 도둑이 만일 주릴 때에 배를 채우려고 도둑질
하면 사람이 그를 멸시하지는 아니하려니와

31 들키면 칠 배를 갚아야 하리니 심지어 자기
집에 있는 것을 다 내주게 되리라
32 여인과 간음하는 자는 무지한 자라 이것을
행하는 자는 자기의 영혼을 망하게 하며
33 상함과 능욕을 받고 부끄러움을 씻을 수 없
게 되나니
34 남편이 투기로 분노하여 원수 갚는 날에 용
서하지 아니하고
35 어떤 보상도 받지 아니하며 많은 선물을 줄
지라도 듣지 아니하리라

### 말씀 정리하기

평소 쉽게 빠질 수 있는 어리석은 일에 대해 경고합니다. 믿음직스럽지 못한 이웃을 위해 함부로 보증서지 말고 게으르지 말 것을 경고합니다. 불량하고 악한 사람은 벌 받을 것이라고 말하며, 음행에 관해 다시 강하게 경고합니다.

### 말씀대로 살기로 기도해요

하나님, 어리석은 일에 쉽게 빠지지 않도록 도와주세요. 게으름, 교만, 거짓말, 남의 것을 탐내는 마음을 멀리하게 해주세요.

# 7장

## 음녀의 길로 치우치지 말라

1 내 아들아 내 말을 지키며 내 계명을 간직하라
2 내 계명을 지켜 살며 내 법을 네 눈동자처럼
지키라
3 이것을 네 손가락에 매며 이것을 네 마음판
에 새기라
4 지혜에게 너는 내 누이라 하며 명철에게 너
는 내 친족이라 하라
5 그리하면 이것이 너를 지켜서 음녀에게, 말로
호리는 이방 여인에게 빠지지 않게 하리라
6 내가 내 집 들창으로, 살창으로 내다 보다가
7 어리석은 자 중에, 젊은이 가운데에 한 지혜
없는 자를 보았노라
8 그가 거리를 지나 음녀의 골목 모퉁이로 가

까이 하여 그의 집쪽으로 가는데

9 저물 때, 황혼 때, 깊은 밤 흑암 중에라

10 그 때에 기생의 옷을 입은 간교한 여인이 그
를 맞으니

11 이 여인은 떠들며 완악하며 그의 발이 집에
머물지 아니하여

12 어떤 때에는 거리, 어떤 때에는 광장 또 모퉁
이마다 서서 사람을 기다리는 자라

13 그 여인이 그를 붙잡고 그에게 입맞추며 부
끄러움을 모르는 얼굴로 그에게 말하되

14 내가 화목제를 드려 서원한 것을 오늘 갚았
노라

15 이러므로 내가 너를 맞으려고 나와 네 얼굴
을 찾다가 너를 만났도다

16 내 침상에는 요와 애굽의 무늬 있는 이불을
폈고

17 몰약과 침향과 계피를 뿌렸노라

18 오라 우리가 아침까지 흡족하게 서로 사랑
하며 사랑함으로 희락하자
19 남편은 집을 떠나 먼 길을 갔는데
20 은 주머니를 가졌은즉 보름 날에나 집에 돌
아오리라 하여
21 여러 가지 고운 말로 유혹하며 입술의 호리
는 말로 꾀므로
22 젊은이가 곧 그를 따랐으니 소가 도수장으
로 가는 것 같고 미련한 자가 벌을 받으려고
쇠사슬에 매이러 가는 것과 같도다
23 필경은 화살이 그 간을 뚫게 되리라 새가 빨
리 그물로 들어가되 그의 생명을 잃어버릴
줄을 알지 못함과 같으니라
24 이제 아들들아 내 말을 듣고 내 입의 말에 주
의하라
25 네 마음이 음녀의 길로 치우치지 말며 그 길
에 미혹되지 말지어다

26 대저 그가 많은 사람을 상하여 엎드러지게
하였나니 그에게 죽은 자가 허다하니라
27 그의 집은 스올의 길이라 사망의 방으로 내
려가느니라

### 말씀 정리하기

계속해서 음행에 대한 경고가 이어집니다. 7장은 죄의 유혹을 경고하며, 부모님의 교훈을 따라 지혜롭게 행동할 것을 당부합니다. 그리고 어리석은 소년이 죄의 유혹에 빠지는 장면을 생생하게 표현하는데, 우리를 유혹해 죄 짓게 하는 것을 주의해야 한다고 강조합니다.

### 말씀대로 살기로 기도해요

하나님, 세상에는 우리를 속여 죄에 빠지게 하는 유혹이 많아요. 언제나 이런 유혹을 조심하고, 부모님의 교훈을 기억하여 지혜롭게 행동하는 어린이가 되게 해주세요.

# 8장

## 지혜와 명철 찬양

1 지혜가 부르지 아니하느냐 명철이 소리를
높이지 아니하느냐
2 그가 길 가의 높은 곳과 네거리에 서며
3 성문 곁과 문 어귀와 여러 출입하는 문에서
불러 이르되
4 사람들아 내가 너희를 부르며 내가 인자들
에게 소리를 높이노라
5 어리석은 자들아 너희는 명철할지니라 미련
한 자들아 너희는 마음이 밝을지니라
6 너희는 들을지어다 내가 가장 선한 것을 말
하리라 내 입술을 열어 정직을 내리라
7 내 입은 진리를 말하며 내 입술은 악을 미워
하느니라

8 내 입의 말은 다 의로운즉 그 가운데에 굽은
것과 패역한 것이 없나니
9 이는 다 총명 있는 자가 밝히 아는 바요 지식
얻은 자가 정직하게 여기는 바니라
10 너희가 은을 받지 말고 나의 훈계를 받으며
정금보다 지식을 얻으라
11 대저 지혜는 진주보다 나으므로 원하는 모
든 것을 이에 비교할 수 없음이니라
12 나 지혜는 명철로 주소를 삼으며 지식과 근
신을 찾아 얻나니
13 여호와를 경외하는 것은 악을 미워하는 것
이라 나는 교만과 거만과 악한 행실과 패역
한 입을 미워하느니라
14 내게는 계략과 참 지식이 있으며 나는 명철
이라 내게 능력이 있으므로
15 나로 말미암아 왕들이 치리하며 방백들이
공의를 세우며

16 나로 말미암아 재상과 존귀한 자 곧 모든 의
로운 재판관들이 다스리느니라
17 나를 사랑하는 자들이 나의 사랑을 입으며
나를 간절히 찾는 자가 나를 만날 것이니라
18 부귀가 내게 있고 장구한 재물과 공의도 그
러하니라
19 내 열매는 금이나 정금보다 나으며 내 소득
은 순은보다 나으니라
20 나는 정의로운 길로 행하며 공의로운 길 가
운데로 다니나니
21 이는 나를 사랑하는 자가 재물을 얻어서 그
곳간에 채우게 하려 함이니라
22 여호와께서 그 조화의 시작 곧 태초에 일하
시기 전에 나를 가지셨으며
23 만세 전부터, 태초부터, 땅이 생기기 전부터
내가 세움을 받았나니
24 아직 바다가 생기지 아니하였고 큰 샘들이

있기 전에 내가 이미 났으며
25 산이 세워지기 전에, 언덕이 생기기 전에 내
가 이미 났으니
26 하나님이 아직 땅도, 들도, 세상 진토의 근원
도 짓지 아니하셨을 때에라
27 그가 하늘을 지으시며 궁창을 해면에 두르
실 때에 내가 거기 있었고
28 그가 위로 구름 하늘을 견고하게 하시며 바
다의 샘들을 힘 있게 하시며
29 바다의 한계를 정하여 물이 명령을 거스르지
못하게 하시며 또 땅의 기초를 정하실 때에
30 내가 그 곁에 있어서 창조자가 되어 날마다
그의 기뻐하신 바가 되었으며 항상 그 앞에
서 즐거워하였으며
31 사람이 거처할 땅에서 즐거워하며 인자들을
기뻐하였느니라
32 아들들아 이제 내게 들으라 내 도를 지키는

자가 복이 있느니라

33 훈계를 들어서 지혜를 얻으라 그것을 버리
지 말라

34 누구든지 내게 들으며 날마다 내 문 곁에서
기다리며 문설주 옆에서 기다리는 자는 복
이 있나니

35 대저 나를 얻는 자는 생명을 얻고 여호와께
은총을 얻을 것임이니라

36 그러나 나를 잃는 자는 자기의 영혼을 해하
는 자라 나를 미워하는 자는 사망을 사랑하
느니라

### 말씀 정리하기

지혜와 명철이 큰 목소리로 사람들에게 경고합니다. 지혜를 얻는 것이야말로 금은보화를 얻는 것보다 귀하므로, 온 힘과 마음을 다해 지혜를 찾으라고 교훈합니다. 22-31절에는 하나님께서 지혜로 온 세상을 지으신 모습을 보여주며, 지혜가 얼마나 귀한지 알려줍니다.

### 말씀대로 살기로 기도해요

하나님, 하나님은 지혜로 세상을 지으셨어요. 지혜는 세상의 금은보화보다 귀하고 소중해요. 온 힘과 마음을 다해 지혜를 구하는 어린이가 되게 해주세요.

# 9장

## 지혜와 어리석음

1 지혜가 그의 집을 짓고 일곱 기둥을 다듬고
2 짐승을 잡으며 포도주를 혼합하여 상을 갖
추고
3 자기의 여종을 보내어 성중 높은 곳에서 불
러 이르기를
4 어리석은 자는 이리로 돌이키라 또 지혜 없
는 자에게 이르기를
5 너는 와서 내 식물을 먹으며 내 혼합한 포도
주를 마시고
6 어리석음을 버리고 생명을 얻으라 명철의
길을 행하라 하느니라
7 거만한 자를 징계하는 자는 도리어 능욕을
받고 악인을 책망하는 자는 도리어 흠이 잡

히느니라

8 거만한 자를 책망하지 말라 그가 너를 미워
할까 두려우니라 지혜 있는 자를 책망하라
그가 너를 사랑하리라
9 지혜 있는 자에게 교훈을 더하라 그가 더욱
지혜로워질 것이요 의로운 사람을 가르치라
그의 학식이 더하리라
10 여호와를 경외하는 것이 지혜의 근본이요
거룩하신 자를 아는 것이 명철이니라
11 나 지혜로 말미암아 네 날이 많아질 것이요
네 생명의 해가 네게 더하리라
12 네가 만일 지혜로우면 그 지혜가 네게 유익
할 것이나 네가 만일 거만하면 너 홀로 해를
당하리라
13 미련한 여인이 떠들며 어리석어서 아무것도
알지 못하고
14 자기 집 문에 앉으며 성읍 높은 곳에 있는 자

리에 앉아서
15 자기 길을 바로 가는 행인들을 불러 이르되
16 어리석은 자는 이리로 돌이키라 또 지혜 없
는 자에게 이르기를
17 도둑질한 물이 달고 몰래 먹는 떡이 맛이 있
다 하는도다
18 오직 그 어리석은 자는 죽은 자들이 거기 있
는 것과 그의 객들이 스올 깊은 곳에 있는 것
을 알지 못하느니라

### 말씀 정리하기

1-8장의 내용을 정리한 글입니다. 지혜의 초대와 미련한 여인의 초대를 비교하며 보여줍니다. 어떤 초대에 응하는지에 따라 결과는 완전히 달라집니다. 지혜의 초대에 응한 사람은 더욱 지혜로워지지만, 미련한 여인의 초대에 응한 사람은 망해 없어지는 멸망의 길로 빠집니다.

### 말씀대로 살기로 기도해요

하나님, 하나님은 우리를 지혜의 집에 초대하셨어요. 미련한 것을 버리고 지혜를 택하고 싶어요. 날마다 더욱 지혜로워지는 어린이가 되게 해주세요.

# 10장

솔로몬의 잠언

1 솔로몬의 잠언이라 지혜로운 아들은 아비를
기쁘게 하거니와 미련한 아들은 어미의 근
심이니라
2 불의의 재물은 무익하여도 공의는 죽음에서
건지느니라
3 여호와께서 의인의 영혼은 주리지 않게 하
시나 악인의 소욕은 물리치시느니라
4 손을 게으르게 놀리는 자는 가난하게 되고
손이 부지런한 자는 부하게 되느니라
5 여름에 거두는 자는 지혜로운 아들이나 추
수 때에 자는 자는 부끄러움을 끼치는 아들
이니라
6 의인의 머리에는 복이 임하나 악인의 입은

독을 머금었느니라

7 의인을 기념할 때에는 칭찬하거니와 악인의
이름은 썩게 되느니라

8 마음이 지혜로운 자는 계명을 받거니와 입
이 미련한 자는 멸망하리라

9 바른 길로 행하는 자는 걸음이 평안하려니
와 굽은 길로 행하는 자는 드러나리라

10 눈짓하는 자는 근심을 끼치고 입이 미련한
자는 멸망하느니라

11 의인의 입은 생명의 샘이라도 악인의 입은
독을 머금었느니라

12 미움은 다툼을 일으켜도 사랑은 모든 허물
을 가리느니라

13 명철한 자의 입술에는 지혜가 있어도 지혜
없는 자의 등을 위하여는 채찍이 있느니라

14 지혜로운 자는 지식을 간직하거니와 미련한
자의 입은 멸망에 가까우니라

15 부자의 재물은 그의 견고한 성이요 가난한
자의 궁핍은 그의 멸망이니라
16 의인의 수고는 생명에 이르고 악인의 소득
은 죄에 이르느니라
17 훈계를 지키는 자는 생명 길로 행하여도 징
계를 버리는 자는 그릇 가느니라
18 미움을 감추는 자는 거짓된 입술을 가진 자
요 중상하는 자는 미련한 자이니라
19 말이 많으면 허물을 면하기 어려우나 그 입
술을 제어하는 자는 지혜가 있느니라
20 의인의 혀는 순은과 같거니와 악인의 마음
은 가치가 적으니라
21 의인의 입술은 여러 사람을 교육하나 미련
한 자는 지식이 없어 죽느니라
22 여호와께서 주시는 복은 사람을 부하게 하
고 근심을 겸하여 주지 아니하시느니라
23 미련한 자는 행악으로 낙을 삼는 것 같이 명

철한 자는 지혜로 낙을 삼느니라
24 악인에게는 그의 두려워하는 것이 임하거니
와 의인은 그 원하는 것이 이루어지느니라
25 회오리바람이 지나가면 악인은 없어져도 의
인은 영원한 기초 같으니라
26 게으른 자는 그 부리는 사람에게 마치 이에
식초 같고 눈에 연기 같으니라
27 여호와를 경외하면 장수하느니라 그러나 악
인의 수명은 짧아지느니라
28 의인의 소망은 즐거움을 이루어도 악인의
소망은 끊어지느니라
29 여호와의 도가 정직한 자에게는 산성이요
행악하는 자에게는 멸망이니라
30 의인은 영영히 이동되지 아니하여도 악인은
땅에 거하지 못하게 되느니라
31 의인의 입은 지혜를 내어도 패역한 혀는 베
임을 당할 것이니라

10장 32절

32 의인의 입술은 기쁘게 할 것을 알거늘 악인
의 입은 패역을 말하느니라

**말씀 정리하기**

10장부터 15장까지는 믿음 좋은 의인과 하나님을 믿지 않는 악인을 비교하며 가르칩니다. 특히 10장에서는 의인과 악인은 말하는 것에서 차이가 있음을 보여줍니다. 의인의 말에는 지혜가 있지만, 미련한 사람(악인)의 말은 멸망하게 만든다고 가르칩니다.

**말씀대로 살기로 기도해요**

하나님, 함부로 말하지 않고 조심해서 말하도록 도와주세요. 믿음 없는 말, 미련한 말, 망하게 하는 말이 아닌 지혜를 담은 말을 하는 어린이가 되게 해주세요.

# 11장

1 속이는 저울은 여호와께서 미워하시나 공평
한 추는 그가 기뻐하시느니라
2 교만이 오면 욕도 오거니와 겸손한 자에게
는 지혜가 있느니라
3 정직한 자의 성실은 자기를 인도하거니와 사
악한 자의 패역은 자기를 망하게 하느니라
4 재물은 진노하시는 날에 무익하나 공의는
죽음에서 건지느니라
5 완전한 자의 공의는 자기의 길을 곧게 하려
니와 악한 자는 자기의 악으로 말미암아 넘
어지리라
6 정직한 자의 공의는 자기를 건지려니와 사
악한 자는 자기의 악에 잡히리라
7 악인은 죽을 때에 그 소망이 끊어지나니 불

의의 소망이 없어지느니라
8 의인은 환난에서 구원을 얻으나 악인은 자
기의 길로 가느니라
9 악인은 입으로 그의 이웃을 망하게 하여도
의인은 그의 지식으로 말미암아 구원을 얻
느니라
10 의인이 형통하면 성읍이 즐거워하고 악인이
패망하면 기뻐 외치느니라
11 성읍은 정직한 자의 축복으로 인하여 진흥
하고 악한 자의 입으로 말미암아 무너지느
니라
12 지혜 없는 자는 그의 이웃을 멸시하나 명철
한 자는 잠잠하느니라
13 두루 다니며 한담하는 자는 남의 비밀을 누
설하나 마음이 신실한 자는 그런 것을 숨기
느니라
14 지략이 없으면 백성이 망하여도 지략이 많

으면 평안을 누리느니라

15 타인을 위하여 보증이 되는 자는 손해를 당
하여도 보증이 되기를 싫어하는 자는 평안
하니라

16 유덕한 여자는 존영을 얻고 근면한 남자는
재물을 얻느니라

17 인자한 자는 자기의 영혼을 이롭게 하고 잔
인한 자는 자기의 몸을 해롭게 하느니라

18 악인의 삯은 허무하되 공의를 뿌린 자의 상
은 확실하니라

19 공의를 굳게 지키는 자는 생명에 이르고 악
을 따르는 자는 사망에 이르느니라

20 마음이 굽은 자는 여호와께 미움을 받아도
행위가 온전한 자는 그의 기뻐하심을 받느
니라

21 악인은 피차 손을 잡을지라도 벌을 면하지
못할 것이나 의인의 자손은 구원을 얻으리라

22 아름다운 여인이 삼가지 아니하는 것은 마
치 돼지 코에 금 고리 같으니라
23 의인의 소원은 오직 선하나 악인의 소망은
진노를 이루느니라
24 흩어 구제하여도 더욱 부하게 되는 일이 있
나니 과도히 아껴도 가난하게 될 뿐이니라
25 구제를 좋아하는 자는 풍족하여질 것이요
남을 윤택하게 하는 자는 자기도 윤택하여
지리라
26 곡식을 내놓지 아니하는 자는 백성에게 저
주를 받을 것이나 파는 자는 그의 머리에 복
이 임하리라
27 선을 간절히 구하는 자는 은총을 얻으려니와
악을 더듬어 찾는 자에게는 악이 임하리라
28 자기의 재물을 의지하는 자는 패망하려니와
의인은 푸른 잎사귀 같아서 번성하리라
29 자기 집을 해롭게 하는 자의 소득은 바람이

라 미련한 자는 마음이 지혜로운 자의 종이
되리라
30 의인의 열매는 생명 나무라 지혜로운 자는
사람을 얻느니라
31 보라 의인이라도 이 세상에서 보응을 받겠
거든 하물며 악인과 죄인이리요

### 말씀 정리하기

지혜롭게 사는 비결을 자세히 알려줍니다. 믿음 좋은 사람은 학교, 가정, 교회에서 지혜롭게 행동하며 건강하고 좋은 공동체를 만들어갑니다. 공동체에 의롭고 정직한 사람이 많으면 평안과 기쁨이 가득하지만, 악하고 정직하지 않은 사람이 많으면 공동체는 무너지게 됩니다.

### 말씀대로 살기로 기도해요

하나님, 가정과 학교, 교회처럼 다른 사람과 함께 기쁨을 나누는 공동체를 주셔서 감사해요. 함께하는 사람들에게 평안과 기쁨을 주는 어린이가 되게 해주세요.

# 12장

1 훈계를 좋아하는 자는 지식을 좋아하거니와
징계를 싫어하는 자는 짐승과 같으니라
2 선인은 여호와께 은총을 받으려니와 악을
꾀하는 자는 정죄하심을 받으리라
3 사람이 악으로서 굳게 서지 못하거니와 의
인의 뿌리는 움직이지 아니하느니라
4 어진 여인은 그 지아비의 면류관이나 욕을
끼치는 여인은 그 지아비의 뼈가 썩음 같게
하느니라
5 의인의 생각은 정직하여도 악인의 도모는
속임이니라
6 악인의 말은 사람을 엿보아 피를 흘리자 하
는 것이거니와 정직한 자의 입은 사람을 구
원하느니라

7 악인은 엎드러져서 소멸되려니와 의인의 집
은 서 있으리라
8 사람은 그 지혜대로 칭찬을 받으려니와 마
음이 굽은 자는 멸시를 받으리라
9 비천히 여김을 받을지라도 종을 부리는 자
는 스스로 높은 체하고도 음식이 핍절한 자
보다 나으니라
10 의인은 자기의 가축의 생명을 돌보나 악인
의 긍휼은 잔인이니라
11 자기의 토지를 경작하는 자는 먹을 것이 많거니
와 방탕한 것을 따르는 자는 지혜가 없느니라
12 악인은 불의의 이익을 탐하나 의인은 그 뿌
리로 말미암아 결실하느니라
13 악인은 입술의 허물로 말미암아 그물에 걸
려도 의인은 환난에서 벗어나느니라
14 사람은 입의 열매로 말미암아 복록에 족하
며 그 손이 행하는 대로 자기가 받느니라

15 미련한 자는 자기 행위를 바른 줄로 여기나
지혜로운 자는 권고를 듣느니라
16 미련한 자는 당장 분노를 나타내거니와 슬
기로운 자는 수욕을 참느니라
17 진리를 말하는 자는 의를 나타내어도 거짓
증인은 속이는 말을 하느니라
18 칼로 찌름 같이 함부로 말하는 자가 있거니
와 지혜로운 자의 혀는 양약과 같으니라
19 진실한 입술은 영원히 보존되거니와 거짓
혀는 잠시 동안만 있을 뿐이니라
20 악을 꾀하는 자의 마음에는 속임이 있고 화
평을 의논하는 자에게는 희락이 있느니라
21 의인에게는 어떤 재앙도 임하지 아니하려니
와 악인에게는 앙화가 가득하리라
22 거짓 입술은 여호와께 미움을 받아도 진실하
게 행하는 자는 그의 기뻐하심을 받느니라
23 슬기로운 자는 지식을 감추어도 미련한 자

의 마음은 미련한 것을 전파하느니라
24 부지런한 자의 손은 사람을 다스리게 되어
도 게으른 자는 부림을 받느니라
25 근심이 사람의 마음에 있으면 그것으로 번뇌
하게 되나 선한 말은 그것을 즐겁게 하느니라
26 의인은 그 이웃의 인도자가 되나 악인의 소
행은 자신을 미혹하느니라
27 게으른 자는 그 잡을 것도 사냥하지 아니하
나니 사람의 부귀는 부지런한 것이니라
28 공의로운 길에 생명이 있나니 그 길에는 사
망이 없느니라

**말씀 정리하기**

10장과 같이 말에 대해 교훈합니다. 이 장에서는 특별히 악인과 의인의 말을 비교하고, 말에 따른 결과까지 자세히 보여줍니다. 악인은 자신의 말로 인해 망하지만, 의인은 말 덕분에 어려움에서 벗어납니다. 진실한 말은 영원하지만 거짓된 말은 금방 사라집니다.

**말씀대로 살기로 기도해요**

하나님, 거짓된 말은 어려움에 빠지게 하고, 진실된 말은 어려움에서 벗어나게 합니다. 언제나 진실된 말과 행동을 하는 어린이가 되게 해주세요.

# 13장

1 지혜로운 아들은 아비의 훈계를 들으나 거만
한 자는 꾸지람을 즐겨 듣지 아니하느니라
2 사람은 입의 열매로 인하여 복록을 누리거니
와 마음이 궤사한 자는 강포를 당하느니라
3 입을 지키는 자는 자기의 생명을 보전하나 입
술을 크게 벌리는 자에게는 멸망이 오느니라
4 게으른 자는 마음으로 원하여도 얻지 못하나
부지런한 자의 마음은 풍족함을 얻느니라
5 의인은 거짓말을 미워하나 악인은 행위가
흉악하여 부끄러운 데에 이르느니라
6 공의는 행실이 정직한 자를 보호하고 악은
죄인을 패망하게 하느니라
7 스스로 부한 체하여도 아무 것도 없는 자가
있고 스스로 가난한 체하여도 재물이 많은

자가 있느니라
8 사람의 재물이 자기 생명의 속전일 수 있으
나 가난한 자는 협박을 받을 일이 없느니라
9 의인의 빛은 환하게 빛나고 악인의 등불은
꺼지느니라
10 교만에서는 다툼만 일어날 뿐이라 권면을
듣는 자는 지혜가 있느니라
11 망령되이 얻은 재물은 줄어가고 손으로 모
은 것은 늘어가느니라
12 소망이 더디 이루어지면 그것이 마음을 상
하게 하거니와 소원이 이루어지는 것은 곧
생명 나무니라
13 말씀을 멸시하는 자는 자기에게 패망을 이루
고 계명을 두려워하는 자는 상을 받느니라
14 지혜 있는 자의 교훈은 생명의 샘이니 사망
의 그물에서 벗어나게 하느니라
15 선한 지혜는 은혜를 베푸나 사악한 자의 길

은 험하니라
16 무릇 슬기로운 자는 지식으로 행하거니와 미
련한 자는 자기의 미련한 것을 나타내느니라
17 악한 사자는 재앙에 빠져도 충성된 사신은
양약이 되느니라
18 훈계를 저버리는 자에게는 궁핍과 수욕이
이르거니와 경계를 받는 자는 존영을 받느
니라
19 소원을 성취하면 마음에 달아도 미련한 자
는 악에서 떠나기를 싫어하느니라
20 지혜로운 자와 동행하면 지혜를 얻고 미련
한 자와 사귀면 해를 받느니라
21 재앙은 죄인을 따르고 선한 보응은 의인에
게 이르느니라
22 선인은 그 산업을 자자 손손에게 끼쳐도 죄
인의 재물은 의인을 위하여 쌓이느니라
23 가난한 자는 밭을 경작함으로 양식이 많아

지거니와 불의로 말미암아 가산을 탕진하는
자가 있느니라
24 매를 아끼는 자는 그의 자식을 미워함이라
자식을 사랑하는 자는 근실히 징계하느니라
25 의인은 포식하여도 악인의 배는 주리느니라

### 말씀 정리하기

의인과 악인을 비교하면서 말의 중요성에 대해 다시 한번 이야기합니다. 의인은 지혜로워서 가르침을 겸손하게 받아들입니다. 악인은 어리석고 교만하여 꾸지람을 듣지 않고 점점 더 악한 길로 갑니다. 그러므로 하나님의 말씀과 부모님의 훈계를 잘 듣는 자세가 중요합니다.

### 말씀대로 살기로 기도해요

저를 사랑으로 가르쳐주시는 하나님과 부모님께 감사드립니다. 하나님 말씀에 귀기울이고, 부모님의 가르침에 순종하는 어린이가 되게 해주세요.

# 14장

1 지혜로운 여인은 자기 집을 세우되 미련한
여인은 자기 손으로 그것을 허느니라
2 정직하게 행하는 자는 여호와를 경외하여
도 패역하게 행하는 자는 여호와를 경멸하
느니라
3 미련한 자는 교만하여 입으로 매를 자청하고
지혜로운 자의 입술은 자기를 보전하느니라
4 소가 없으면 구유는 깨끗하려니와 소의 힘
으로 얻는 것이 많으니라
5 신실한 증인은 거짓말을 아니하여도 거짓
증인은 거짓말을 뱉느니라
6 거만한 자는 지혜를 구하여도 얻지 못하거
니와 명철한 자는 지식 얻기가 쉬우니라
7 너는 미련한 자의 앞을 떠나라 그 입술에 지

식 있음을 보지 못함이니라
8 슬기로운 자의 지혜는 자기의 길을 아는 것
이라도 미련한 자의 어리석음은 속이는 것
이니라
9 미련한 자는 죄를 심상히 여겨도 정직한 자
중에는 은혜가 있느니라
10 마음의 고통은 자기가 알고 마음의 즐거움
은 타인이 참여하지 못하느니라
11 악한 자의 집은 망하겠고 정직한 자의 장막
은 흥하리라
12 어떤 길은 사람이 보기에 바르나 필경은 사
망의 길이니라
13 웃을 때에도 마음에 슬픔이 있고 즐거움의
끝에도 근심이 있느니라
14 마음이 굽은 자는 자기 행위로 보응이 가득하
겠고 선한 사람도 자기의 행위로 그러하리라
15 어리석은 자는 온갖 말을 믿으나 슬기로운

자는 자기의 행동을 삼가느니라
16 지혜로운 자는 두려워하여 악을 떠나나 어
리석은 자는 방자하여 스스로 믿느니라
17 노하기를 속히 하는 자는 어리석은 일을 행하
고 악한 계교를 꾀하는 자는 미움을 받느니라
18 어리석은 자는 어리석음으로 기업을 삼아도
슬기로운 자는 지식으로 면류관을 삼느니라
19 악인은 선인 앞에 엎드리고 불의한 자는 의
인의 문에 엎드리느니라
20 가난한 자는 이웃에게도 미움을 받게 되나
부요한 자는 친구가 많으니라
21 이웃을 업신여기는 자는 죄를 범하는 자요
빈곤한 자를 불쌍히 여기는 자는 복이 있는
자니라
22 악을 도모하는 자는 잘못 가는 것이 아니냐
선을 도모하는 자에게는 인자와 진리가 있
으리라

23 모든 수고에는 이익이 있어도 입술의 말은
궁핍을 이룰 뿐이니라
24 지혜로운 자의 재물은 그의 면류관이요 미
련한 자의 소유는 다만 미련한 것이니라
25 진실한 증인은 사람의 생명을 구원하여도
거짓말을 뱉는 사람은 속이느니라
26 여호와를 경외하는 자에게는 견고한 의뢰가
있나니 그 자녀들에게 피난처가 있으리라
27 여호와를 경외하는 것은 생명의 샘이니 사
망의 그물에서 벗어나게 하느니라
28 백성이 많은 것은 왕의 영광이요 백성이 적
은 것은 주권자의 패망이니라
29 노하기를 더디 하는 자는 크게 명철하여도 마
음이 조급한 자는 어리석음을 나타내느니라
30 평온한 마음은 육신의 생명이나 시기는 뼈
를 썩게 하느니라
31 가난한 사람을 학대하는 자는 그를 지으신

## 14장 32~35절

이를 멸시하는 자요 궁핍한 사람을 불쌍히
여기는 자는 주를 공경하는 자니라
32 악인은 그의 환난에 엎드러져도 의인은 그
의 죽음에도 소망이 있느니라
33 지혜는 명철한 자의 마음에 머물거니와 미
련한 자의 속에 있는 것은 나타나느니라
34 공의는 나라를 영화롭게 하고 죄는 백성을
욕되게 하느니라
35 슬기롭게 행하는 신하는 왕에게 은총을 입
고 욕을 끼치는 신하는 그의 진노를 당하느
니라

### 말씀 정리하기

지혜로운 사람과 미련한 사람, 정직한 사람과 악한 사람, 믿을 만한 증언을 하는 증인과 거짓을 말하는 증인, 명철한 사람과 거만한 사람, 의인과 악인, 화를 참는 사람과 마음이 조급한 사람을 비교하며 설명합니다. 또 어떤 어려움이 오더라도 하나님만 높이는 사람에게는 든든한 피할 곳이 있습니다.

### 말씀대로 살기로 기도해요

하나님, 지혜롭고 정직한 어린이가 되고 싶어요. 늘 하나님이 기뻐하시는 모습으로 살아가며 하나님만 높이는 어린이가 되게 해주세요.

# 15장

1 유순한 대답은 분노를 쉬게 하여도 과격한
말은 노를 격동하느니라
2 지혜 있는 자의 혀는 지식을 선히 베풀고 미
련한 자의 입은 미련한 것을 쏟느니라
3 여호와의 눈은 어디서든지 악인과 선인을
감찰하시느니라
4 온순한 혀는 곧 생명 나무이지만 패역한 혀
는 마음을 상하게 하느니라
5 아비의 훈계를 업신여기는 자는 미련한 자
요 경계를 받는 자는 슬기를 얻을 자니라
6 의인의 집에는 많은 보물이 있어도 악인의
소득은 고통이 되느니라
7 지혜로운 자의 입술은 지식을 전파하여도
미련한 자의 마음은 정함이 없느니라

8 악인의 제사는 여호와께서 미워하셔도 정직
한 자의 기도는 그가 기뻐하시느니라
9 악인의 길은 여호와께서 미워하셔도 공의를
따라가는 자는 그가 사랑하시느니라
10 도를 배반하는 자는 엄한 징계를 받을 것이
요 견책을 싫어하는 자는 죽을 것이니라
11 스올과 아바돈도 여호와의 앞에 드러나거든
하물며 사람의 마음이리요
12 거만한 자는 견책 받기를 좋아하지 아니하며
지혜 있는 자에게로 가지도 아니하느니라
13 마음의 즐거움은 얼굴을 빛나게 하여도 마
음의 근심은 심령을 상하게 하느니라
14 명철한 자의 마음은 지식을 요구하고 미련
한 자의 입은 미련한 것을 즐기느니라
15 고난 받는 자는 그 날이 다 험악하나 마음이
즐거운 자는 항상 잔치하느니라
16 가산이 적어도 여호와를 경외하는 것이 크

게 부하고 번뇌하는 것보다 나으니라
17 채소를 먹으며 서로 사랑하는 것이 살진 소
를 먹으며 서로 미워하는 것보다 나으니라
18 분을 쉽게 내는 자는 다툼을 일으켜도 노하기
를 더디 하는 자는 시비를 그치게 하느니라
19 게으른 자의 길은 가시 울타리 같으나 정직
한 자의 길은 대로니라
20 지혜로운 아들은 아비를 즐겁게 하여도 미
련한 자는 어미를 업신여기느니라
21 무지한 자는 미련한 것을 즐겨 하여도 명철
한 자는 그 길을 바르게 하느니라
22 의논이 없으면 경영이 무너지고 지략이 많
으면 경영이 성립하느니라
23 사람은 그 입의 대답으로 말미암아 기쁨을
얻나니 때에 맞는 말이 얼마나 아름다운고
24 지혜로운 자는 위로 향한 생명 길로 말미암
음으로 그 아래에 있는 스올을 떠나게 되느

니라

25 여호와는 교만한 자의 집을 허시며 과부의
지계를 정하시느니라

26 악한 꾀는 여호와께서 미워하시나 선한 말
은 정결하니라

27 이익을 탐하는 자는 자기 집을 해롭게 하나
뇌물을 싫어하는 자는 살게 되느니라

28 의인의 마음은 대답할 말을 깊이 생각하여
도 악인의 입은 악을 쏟느니라

29 여호와는 악인을 멀리 하시고 의인의 기도
를 들으시느니라

30 눈이 밝은 것은 마음을 기쁘게 하고 좋은 기
별은 뼈를 윤택하게 하느니라

31 생명의 경계를 듣는 귀는 지혜로운 자 가운
데에 있느니라

32 훈계 받기를 싫어하는 자는 자기의 영혼을
경히 여김이라 견책을 달게 받는 자는 지식

을 얻느니라

33 여호와를 경외하는 것은 지혜의 훈계라 겸
손은 존귀의 길잡이니라

### 말씀 정리하기

말의 중요성을 계속 강조합니다. 1-7절은 말을 통해 다른 사람에게 베풀 수 있는 좋은 것에 대해 설명합니다. 잘못된 말 한 마디는 싸움을 일으키지만, 지혜로운 말은 어려운 상황을 이겨내도록 도와줍니다.

### 말씀대로 살기로 기도해요

하나님, 지혜로운 말과 행동으로 다른 사람을 기쁘게 하고 싶어요. 말과 행동에 신중한 어린이가 되도록 도와주세요.

# 16장

1 마음의 경영은 사람에게 있어도 말의 응답
은 여호와께로부터 나오느니라
2 사람의 행위가 자기 보기에는 모두 깨끗하
여도 여호와는 심령을 감찰하시느니라
3 너의 행사를 여호와께 맡기라 그리하면 네
가 경영하는 것이 이루어지리라
4 여호와께서 온갖 것을 그 쓰임에 적당하게
지으셨나니 악인도 악한 날에 적당하게 하
셨느니라
5 무릇 마음이 교만한 자를 여호와께서 미워
하시나니 피차 손을 잡을지라도 벌을 면하
지 못하리라
6 인자와 진리로 인하여 죄악이 속하게 되고
여호와를 경외함으로 말미암아 악에서 떠나

게 되느니라

7 사람의 행위가 여호와를 기쁘시게 하면 그
사람의 원수라도 그와 더불어 화목하게 하
시느니라

8 적은 소득이 공의를 겸하면 많은 소득이 불
의를 겸한 것보다 나으니라

9 사람이 마음으로 자기의 길을 계획할지라도
그의 걸음을 인도하시는 이는 여호와시니라

10 하나님의 말씀이 왕의 입술에 있은즉 재판
할 때에 그의 입이 그르치지 아니하리라

11 공평한 저울과 접시 저울은 여호와의 것이
요 주머니 속의 저울추도 다 그가 지으신 것
이니라

12 악을 행하는 것은 왕들이 미워할 바니 이는
그 보좌가 공의로 말미암아 굳게 섬이니라

13 의로운 입술은 왕들이 기뻐하는 것이요 정직
하게 말하는 자는 그들의 사랑을 입느니라

14 왕의 진노는 죽음의 사자들과 같아도 지혜
로운 사람은 그것을 쉬게 하리라
15 왕의 희색은 생명을 뜻하나니 그의 은택이
늦은 비를 내리는 구름과 같으니라
16 지혜를 얻는 것이 금을 얻는 것보다 얼마나
나은고 명철을 얻는 것이 은을 얻는 것보다
더욱 나으니라
17 악을 떠나는 것은 정직한 사람의 대로이니
자기의 길을 지키는 자는 자기의 영혼을 보
전하느니라
18 교만은 패망의 선봉이요 거만한 마음은 넘
어짐의 앞잡이니라
19 겸손한 자와 함께 하여 마음을 낮추는 것이
교만한 자와 함께 하여 탈취물을 나누는 것
보다 나으니라
20 삼가 말씀에 주의하는 자는 좋은 것을 얻나
니 여호와를 의지하는 자는 복이 있느니라

21 마음이 지혜로운 자는 명철하다 일컬음을 받고
입이 선한 자는 남의 학식을 더하게 하느니라
22 명철한 자에게는 그 명철이 생명의 샘이 되
거니와 미련한 자에게는 그 미련한 것이 징
계가 되느니라
23 지혜로운 자의 마음은 그의 입을 슬기롭게
하고 또 그의 입술에 지식을 더하느니라
24 선한 말은 꿀송이 같아서 마음에 달고 뼈에
양약이 되느니라
25 어떤 길은 사람이 보기에 바르나 필경은 사
망의 길이니라
26 고되게 일하는 자는 식욕으로 말미암아 애쓰
나니 이는 그의 입이 자기를 독촉함이니라
27 불량한 자는 악을 꾀하나니 그 입술에는 맹
렬한 불 같은 것이 있느니라
28 패역한 자는 다툼을 일으키고 말쟁이는 친
한 벗을 이간하느니라

## 16장 29~33절

29 강포한 사람은 그 이웃을 꾀어 좋지 아니한
길로 인도하느니라
30 눈짓을 하는 자는 패역한 일을 도모하며 입
술을 닫는 자는 악한 일을 이루느니라
31 백발은 영화의 면류관이라 공의로운 길에서
얻으리라
32 노하기를 더디하는 자는 용사보다 낫고 자
기의 마음을 다스리는 자는 성을 빼앗는 자
보다 나으니라
33 제비는 사람이 뽑으나 모든 일을 작정하기
는 여호와께 있느니라

### 말씀 정리하기

크고 작은 일을 시작할 때 어떻게 해야 하는지 설명합니다. 어떤 일을 계획하기 전 가장 중요한 것은 모든 것을 하나님께 맡기는 것입니다. 우리에게 일어날 수 있는 좋고 나쁜 일, 축복과 저주 등 모든 일은 하나님께 달려있기 때문입니다.

### 말씀대로 살기로 기도해요

우리의 모든 일을 결정하시는 하나님, 감사해요. 크고 작은 일을 정할 때 모두 하나님께 맡기는 어린이가 되게 해주세요.

# 17장

1 마른 떡 한 조각만 있고도 화목하는 것이 제
육이 집에 가득하고도 다투는 것보다 나으
니라
2 슬기로운 종은 부끄러운 짓을 하는 주인의
아들을 다스리겠고 또 형제들 중에서 유업
을 나누어 얻으리라
3 도가니는 은을, 풀무는 금을 연단하거니와
여호와는 마음을 연단하시느니라
4 악을 행하는 자는 사악한 입술이 하는 말을
잘 듣고 거짓말을 하는 자는 악한 혀가 하는
말에 귀를 기울이느니라
5 가난한 자를 조롱하는 자는 그를 지으신 주
를 멸시하는 자요 사람의 재앙을 기뻐하는
자는 형벌을 면하지 못할 자니라

6 손자는 노인의 면류관이요 아비는 자식의
영화니라
7 지나친 말을 하는 것도 미련한 자에게 합당
하지 아니하거든 하물며 거짓말을 하는 것
이 존귀한 자에게 합당하겠느냐
8 뇌물은 그 임자가 보기에 보석 같은즉 그가
어디로 향하든지 형통하게 하느니라
9 허물을 덮어 주는 자는 사랑을 구하는 자요
그것을 거듭 말하는 자는 친한 벗을 이간하
는 자니라
10 한 마디 말로 총명한 자에게 충고하는 것이
매 백 대로 미련한 자를 때리는 것보다 더욱
깊이 박히느니라
11 악한 자는 반역만 힘쓰나니 그러므로 그에
게 잔인한 사자가 보냄을 받으리라
12 차라리 새끼 빼앗긴 암곰을 만날지언정 미
련한 일을 행하는 미련한 자를 만나지 말 것

이니라
13 누구든지 악으로 선을 갚으면 악이 그 집을
떠나지 아니하리라
14 다투는 시작은 둑에서 물이 새는 것 같은즉
싸움이 일어나기 전에 시비를 그칠 것이니라
15 악인을 의롭다 하고 의인을 악하다 하는 이
두 사람은 다 여호와께 미움을 받느니라
16 미련한 자는 무지하거늘 손에 값을 가지고
지혜를 사려 함은 어찜인고
17 친구는 사랑이 끊어지지 아니하고 형제는
위급한 때를 위하여 났느니라
18 지혜 없는 자는 남의 손을 잡고 그의 이웃 앞
에서 보증이 되느니라
19 다툼을 좋아하는 자는 죄과를 좋아하는 자
요 자기 문을 높이는 자는 파괴를 구하는 자
니라
20 마음이 굽은 자는 복을 얻지 못하고 혀가 패

역한 자는 재앙에 빠지느니라
21 미련한 자를 낳는 자는 근심을 당하나니 미
련한 자의 아비는 낙이 없느니라
22 마음의 즐거움은 양약이라도 심령의 근심은
뼈를 마르게 하느니라
23 악인은 사람의 품에서 뇌물을 받고 재판을
굽게 하느니라
24 지혜는 명철한 자 앞에 있거늘 미련한 자는
눈을 땅 끝에 두느니라
25 미련한 아들은 그 아비의 근심이 되고 그 어
미의 고통이 되느니라
26 의인을 벌하는 것과 귀인을 정직하다고 때
리는 것은 선하지 못하니라
27 말을 아끼는 자는 지식이 있고 성품이 냉철
한 자는 명철하니라
28 미련한 자라도 잠잠하면 지혜로운 자로 여
겨지고 그의 입술을 닫으면 슬기로운 자로

여겨지느니라

**말씀 정리하기**

가난한 사람을 비웃거나 자신의 이익을 위해 뇌물을 주는 것 등의 악한 행동에 대해 경고합니다. 또 다툼과 보증 등의 문제가 있을 때 어떻게 행동해야 하는지도 자세히 알려줍니다. 명철한 사람은 늘 지혜를 바라보며 말을 신중하게 하고 감정을 잘 조절합니다.

**말씀대로 살기로 기도해요**

하나님, 친구나 가족을 악하게 대하지 않도록 인도해 해주세요. 지혜롭게 행동하며, 신중하게 말하고, 감정을 잘 다스리는 사람이 되게 해주세요.

# 18장

1 무리에게서 스스로 갈라지는 자는 자기 소
욕을 따르는 자라 온갖 참 지혜를 배척하느
니라
2 미련한 자는 명철을 기뻐하지 아니하고 자
기의 의사를 드러내기만 기뻐하느니라
3 악한 자가 이를 때에는 멸시도 따라오고 부
끄러운 것이 이를 때에는 능욕도 함께 오느
니라
4 명철한 사람의 입의 말은 깊은 물과 같고 지
혜의 샘은 솟구쳐 흐르는 내와 같으니라
5 악인을 두둔하는 것과 재판할 때에 의인을
억울하게 하는 것이 선하지 아니하니라
6 미련한 자의 입술은 다툼을 일으키고 그의
입은 매를 자청하느니라

7 미련한 자의 입은 그의 멸망이 되고 그의 입
술은 그의 영혼의 그물이 되느니라
8 남의 말하기를 좋아하는 자의 말은 별식과
같아서 뱃속 깊은 데로 내려가느니라
9 자기의 일을 게을리하는 자는 패가하는 자
의 형제니라
10 여호와의 이름은 견고한 망대라 의인은 그
리로 달려가서 안전함을 얻느니라
11 부자의 재물은 그의 견고한 성이라 그가 높
은 성벽 같이 여기느니라
12 사람의 마음의 교만은 멸망의 선봉이요 겸
손은 존귀의 길잡이니라
13 사연을 듣기 전에 대답하는 자는 미련하여
욕을 당하느니라
14 사람의 심령은 그의 병을 능히 이기려니와
심령이 상하면 그것을 누가 일으키겠느냐
15 명철한 자의 마음은 지식을 얻고 지혜로운

자의 귀는 지식을 구하느니라
16 사람의 선물은 그의 길을 넓게 하며 또 존귀
한 자 앞으로 그를 인도하느니라
17 송사에서는 먼저 온 사람의 말이 바른 것 같
으나 그의 상대자가 와서 밝히느니라
18 제비 뽑는 것은 다툼을 그치게 하여 강한 자
사이에 해결하게 하느니라
19 노엽게 한 형제와 화목하기가 견고한 성을
취하기보다 어려운즉 이러한 다툼은 산성
문빗장 같으니라
20 사람은 입에서 나오는 열매로 말미암아 배
부르게 되나니 곧 그의 입술에서 나는 것으
로 말미암아 만족하게 되느니라
21 죽고 사는 것이 혀의 힘에 달렸나니 혀를 쓰
기 좋아하는 자는 혀의 열매를 먹으리라
22 아내를 얻는 자는 복을 얻고 여호와께 은총
을 받는 자니라

23 가난한 자는 간절한 말로 구하여도 부자는
엄한 말로 대답하느니라
24 많은 친구를 얻는 자는 해를 당하게 되거니
와 어떤 친구는 형제보다 친밀하니라

### 말씀 정리하기

가족과 친구 등 공동체 안에서 지혜롭게 살아가는 방법에 대해 이야기합니다. 미련한 사람은 명철에 관심이 없고 자기 생각만 이야기하지만, 지혜로운 사람은 지식을 찾습니다. 지혜롭게 말하는 것은 매우 중요합니다. 말에는 죽이기도 하고 살리기도 하는 힘이 있기 때문입니다.

### 말씀대로 살기로 기도해요

하나님, 소중한 가족과 친구를 주셔서 감사해요. 내 생각만 중요하다고 주장하지 않고, 가족과 친구에게 지혜롭고 따뜻한 말을 건네게 해주세요.

# 19장

1 가난하여도 성실하게 행하는 자는 입술이
패역하고 미련한 자보다 나으니라
2 지식 없는 소원은 선하지 못하고 발이 급한
사람은 잘못 가느니라
3 사람이 미련하므로 자기 길을 굽게 하고 마
음으로 여호와를 원망하느니라
4 재물은 많은 친구를 더하게 하나 가난한즉
친구가 끊어지느니라
5 거짓 증인은 벌을 면하지 못할 것이요 거짓
말을 하는 자도 피하지 못하리라
6 너그러운 사람에게는 은혜를 구하는 자가
많고 선물 주기를 좋아하는 자에게는 사람
마다 친구가 되느니라
7 가난한 자는 그의 형제들에게도 미움을 받

거든 하물며 친구야 그를 멀리 하지 아니하
겠느냐 따라가며 말하려 할지라도 그들이
없어졌으리라
8 지혜를 얻는 자는 자기 영혼을 사랑하고 명
철을 지키는 자는 복을 얻느니라
9 거짓 증인은 벌을 면하지 못할 것이요 거짓
말을 뱉는 자는 망할 것이니라
10 미련한 자가 사치하는 것이 적당하지 못하
거든 하물며 종이 방백을 다스림이랴
11 노하기를 더디 하는 것이 사람의 슬기요 허
물을 용서하는 것이 자기의 영광이니라
12 왕의 노함은 사자의 부르짖음 같고 그의 은
택은 풀 위의 이슬 같으니라
13 미련한 아들은 그의 아비의 재앙이요 다투
는 아내는 이어 떨어지는 물방울이니라
14 집과 재물은 조상에게서 상속하거니와 슬기
로운 아내는 여호와께로서 말미암느니라

15 게으름이 사람으로 깊이 잠들게 하나니 태
만한 사람은 주릴 것이니라
16 계명을 지키는 자는 자기의 영혼을 지키거
니와 자기의 행실을 삼가지 아니하는 자는
죽으리라
17 가난한 자를 불쌍히 여기는 것은 여호와께
꾸어 드리는 것이니 그의 선행을 그에게 갚
아 주시리라
18 네가 네 아들에게 희망이 있은즉 그를 징계
하되 죽일 마음은 두지 말지니라
19 노하기를 맹렬히 하는 자는 벌을 받을 것이
라 네가 그를 건져 주면 다시 그런 일이 생기
리라
20 너는 권고를 들으며 훈계를 받으라 그리하
면 네가 필경은 지혜롭게 되리라
21 사람의 마음에는 많은 계획이 있어도 오직
여호와의 뜻만이 완전히 서리라

22 사람은 자기의 인자함으로 남에게 사모함을
받느니라 가난한 자는 거짓말하는 자보다
나으니라
23 여호와를 경외하는 것은 사람으로 생명에
이르게 하는 것이라 경외하는 자는 족하게
지내고 재앙을 당하지 아니하느니라
24 게으른 자는 자기의 손을 그릇에 넣고서도
입으로 올리기를 괴로워하느니라
25 거만한 자를 때리라 그리하면 어리석은 자
도 지혜를 얻으리라 명철한 자를 견책하라
그리하면 그가 지식을 얻으리라
26 아비를 구박하고 어미를 쫓아내는 자는 부
끄러움을 끼치며 능욕을 부르는 자식이니라
27 내 아들아 지식의 말씀에서 떠나게 하는 교
훈을 듣지 말지니라
28 망령된 증인은 정의를 업신여기고 악인의
입은 죄악을 삼키느니라

19장 29절

29 심판은 거만한 자를 위하여 예비된 것이요
채찍은 어리석은 자의 등을 위하여 예비된
것이니라

**말씀 정리하기**

평소에 볼 수 있는 의인과 악인, 지혜로운 사람과 어리석은 사람을 비교하면서, 다른 사람을 용서하는 착한 마음과 태도를 갖도록 권합니다. 또 잘못에 대한 훈계의 중요성을 강조하면서, 사랑하는 자녀의 장래를 위해서는 징계가 꼭 필요함을 가르쳐줍니다.

**말씀대로 살기로 기도해요**

하나님, 다른 사람의 잘못에 쉽게 화내지 않고 너그럽게 용서하는 어린이가 되게 해주세요.

# 20장

1 포도주는 거만하게 하는 것이요 독주는 떠
들게 하는 것이라 이에 미혹되는 자마다 지
혜가 없느니라
2 왕의 진노는 사자의 부르짖음 같으니 그를
노하게 하는 것은 자기의 생명을 해하는 것
이니라
3 다툼을 멀리 하는 것이 사람에게 영광이거
늘 미련한 자마다 다툼을 일으키느니라
4 게으른 자는 가을에 밭 갈지 아니하나니 그
러므로 거둘 때에는 구걸할지라도 얻지 못
하리라
5 사람의 마음에 있는 모략은 깊은 물 같으니
라 그럴지라도 명철한 사람은 그것을 길어
내느니라

6 많은 사람이 각기 자기의 인자함을 자랑하
나니 충성된 자를 누가 만날 수 있으랴
7 온전하게 행하는 자가 의인이라 그의 후손
에게 복이 있느니라
8 심판 자리에 앉은 왕은 그의 눈으로 모든 악
을 흩어지게 하느니라
9 내가 내 마음을 정하게 하였다 내 죄를 깨끗
하게 하였다 할 자가 누구냐
10 한결같지 않은 저울 추와 한결같지 않은 되
는 다 여호와께서 미워하시느니라
11 비록 아이라도 자기의 동작으로 자기 품행
이 청결한 여부와 정직한 여부를 나타내느
니라
12 듣는 귀와 보는 눈은 다 여호와께서 지으신
것이니라
13 너는 잠자기를 좋아하지 말라 네가 빈궁하
게 될까 두려우니라 네 눈을 뜨라 그리하면

양식이 족하리라
14 물건을 사는 자가 좋지 못하다 좋지 못하다
하다가 돌아간 후에는 자랑하느니라
15 세상에 금도 있고 진주도 많거니와 지혜로
운 입술이 더욱 귀한 보배니라
16 타인을 위하여 보증 선 자의 옷을 취하라 외
인들을 위하여 보증 선 자는 그의 몸을 볼모
잡을지니라
17 속이고 취한 음식물은 사람에게 맛이 좋은
듯하나 후에는 그의 입에 모래가 가득하게
되리라
18 경영은 의논함으로 성취하나니 지략을 베풀
고 전쟁할지니라
19 두루 다니며 한담하는 자는 남의 비밀을 누
설하나니 입술을 벌린 자를 사귀지 말지니라
20 자기의 아비나 어미를 저주하는 자는 그의
등불이 흑암 중에 꺼짐을 당하리라

21 처음에 속히 잡은 산업은 마침내 복이 되지
아니하느니라
22 너는 악을 갚겠다 말하지 말고 여호와를 기
다리라 그가 너를 구원하시리라
23 한결같지 않은 저울 추는 여호와께서 미워
하시는 것이요 속이는 저울은 좋지 못한 것
이니라
24 사람의 걸음은 여호와로 말미암나니 사람이
어찌 자기의 길을 알 수 있으랴
25 함부로 이 물건은 거룩하다 하여 서원하고
그 후에 살피면 그것이 그 사람에게 덫이 되
느니라
26 지혜로운 왕은 악인들을 키질하며 타작하는
바퀴를 그들 위에 굴리느니라
27 사람의 영혼은 여호와의 등불이라 사람의
깊은 속을 살피느니라
28 왕은 인자와 진리로 스스로 보호하고 그의

왕위도 인자함으로 말미암아 견고하니라
29 젊은 자의 영화는 그의 힘이요 늙은 자의 아
름다움은 백발이니라
30 상하게 때리는 것이 악을 없이하나니 매는
사람 속에 깊이 들어가느니라

## 말씀 정리하기

하나님을 닮아가는 경건한 삶에 대한 교훈입니다. 첫째, 음주나 다툼, 지나친 잠, 남을 욕하는 행동을 조심하며 절제할 것을 가르칩니다. 둘째, 하나님을 온전히 믿고 순종할 것을 강조합니다. 사람의 길을 인도하시는 하나님께 자신의 걸음을 맡기는 것이 축복받는 삶의 비결입니다.

## 말씀대로 살기로 기도해요

하나님, 주님이 말씀하신 것에 순종하며 살고 싶어요. 하나님께 모든 것을 맡기며, 하나님을 닮아가는 어린이가 되게 해주세요.

# 21장

1 왕의 마음이 여호와의 손에 있음이 마치 봇
물과 같아서 그가 임의로 인도하시느니라
2 사람의 행위가 자기 보기에는 모두 정직하
여도 여호와는 마음을 감찰하시느니라
3 공의와 정의를 행하는 것은 제사 드리는 것
보다 여호와께서 기쁘게 여기시느니라
4 눈이 높은 것과 마음이 교만한 것과 악인이
형통한 것은 다 죄니라
5 부지런한 자의 경영은 풍부함에 이를 것이
나 조급한 자는 궁핍함에 이를 따름이니라
6 속이는 말로 재물을 모으는 것은 죽음을 구
하는 것이라 곧 불려다니는 안개니라
7 악인의 강포는 자기를 소멸하나니 이는 정
의를 행하기 싫어함이니라

8 죄를 크게 범한 자의 길은 심히 구부러지고
깨끗한 자의 길은 곧으니라
9 다투는 여인과 함께 큰 집에서 사는 것보다
움막에서 사는 것이 나으니라
10 악인의 마음은 남의 재앙을 원하나니 그 이
웃도 그 앞에서 은혜를 입지 못하느니라
11 거만한 자가 벌을 받으면 어리석은 자도 지
혜를 얻겠고 지혜로운 자가 교훈을 받으면
지식이 더하리라
12 의로우신 자는 악인의 집을 감찰하시고 악
인을 환난에 던지시느니라
13 귀를 막고 가난한 자가 부르짖는 소리를 듣
지 아니하면 자기가 부르짖을 때에도 들을
자가 없으리라
14 은밀한 선물은 노를 쉬게 하고 품 안의 뇌물
은 맹렬한 분을 그치게 하느니라
15 정의를 행하는 것이 의인에게는 즐거움이요

죄인에게는 패망이니라
16 명철의 길을 떠난 사람은 사망의 회중에 거
하리라
17 연락을 좋아하는 자는 가난하게 되고 술과
기름을 좋아하는 자는 부하게 되지 못하느
니라
18 악인은 의인의 속전이 되고 사악한 자는 정
직한 자의 대신이 되느니라
19 다투며 성내는 여인과 함께 사는 것보다 광
야에서 사는 것이 나으니라
20 지혜 있는 자의 집에는 귀한 보배와 기름이
있으나 미련한 자는 이것을 다 삼켜 버리느
니라
21 공의와 인자를 따라 구하는 자는 생명과 공
의와 영광을 얻느니라
22 지혜로운 자는 용사의 성에 올라가서 그 성
이 의지하는 방벽을 허느니라

23 입과 혀를 지키는 자는 자기의 영혼을 환난
에서 보전하느니라
24 무례하고 교만한 자를 이름하여 망령된 자라
하나니 이는 넘치는 교만으로 행함이니라
25 게으른 자의 욕망이 자기를 죽이나니 이는
자기의 손으로 일하기를 싫어함이니라
26 어떤 자는 종일토록 탐하기만 하나 의인은
아끼지 아니하고 베푸느니라
27 악인의 제물은 본래 가증하거든 하물며 악
한 뜻으로 드리는 것이랴
28 거짓 증인은 패망하려니와 확실히 들은 사
람의 말은 힘이 있느니라
29 악인은 자기의 얼굴을 굳게 하나 정직한 자
는 자기의 행위를 삼가느니라
30 지혜로도 못하고, 명철로도 못하고 모략으
로도 여호와를 당하지 못하느니라
31 싸울 날을 위하여 마병을 예비하거니와 이

김은 여호와께 있느니라

## 말씀 정리하기

하나님은 우리 마음속 깊은 곳을 살피시는 분입니다. 우리는 죄가 없으신 하나님을 닮아가야 합니다. 또 악인은 결국 하나님께 벌을 받고 멸망합니다. 13절부터는 죄 없으신 하나님의 공의 앞에 나타나는 의인과 악인의 서로 다른 모습을 보여줍니다.

## 말씀대로 살기로 기도해요

하나님, 죄 없으신 하나님을 닮고 싶어요. 언제나 하나님 앞에서 깨끗하고 정직한 마음으로 바르게 살도록 도와주세요.

# 22장

1 많은 재물보다 명예를 택할 것이요 은이나
금보다 은총을 더욱 택할 것이니라
2 가난한 자와 부한 자가 함께 살거니와 그 모
두를 지으신 이는 여호와시니라
3 슬기로운 자는 재앙을 보면 숨어 피하여도
어리석은 자는 나가다가 해를 받느니라
4 겸손과 여호와를 경외함의 보상은 재물과
영광과 생명이니라
5 패역한 자의 길에는 가시와 올무가 있거니
와 영혼을 지키는 자는 이를 멀리 하느니라
6 마땅히 행할 길을 아이에게 가르치라 그리
하면 늙어도 그것을 떠나지 아니하리라
7 부자는 가난한 자를 주관하고 빚진 자는 채
주의 종이 되느니라

8 악을 뿌리는 자는 재앙을 거두리니 그 분노
의 기세가 쇠하리라
9 선한 눈을 가진 자는 복을 받으리니 이는 양
식을 가난한 자에게 줌이니라
10 거만한 자를 쫓아내면 다툼이 쉬고 싸움과
수욕이 그치느니라
11 마음의 정결을 사모하는 자의 입술에는 덕
이 있으므로 임금이 그의 친구가 되느니라
12 여호와의 눈은 지식 있는 사람을 지키시나
사악한 사람의 말은 패하게 하시느니라
13 게으른 자는 말하기를 사자가 밖에 있은즉
내가 나가면 거리에서 찢기겠다 하느니라
14 음녀의 입은 깊은 함정이라 여호와의 노를
당한 자는 거기 빠지리라
15 아이의 마음에는 미련한 것이 얽혔으나 징
계하는 채찍이 이를 멀리 쫓아내리라
16 이익을 얻으려고 가난한 자를 학대하는 자와

부자에게 주는 자는 가난하여질 뿐이니라
17 너는 귀를 기울여 지혜 있는 자의 말씀을 들
으며 내 지식에 마음을 둘지어다
18 이것을 네 속에 보존하며 네 입술 위에 함께
있게 함이 아름다우니라
19 내가 네게 여호와를 의뢰하게 하려 하여 이
것을 오늘 특별히 네게 알게 하였노니
20 내가 모략과 지식의 아름다운 것을 너를 위
해 기록하여
21 네가 진리의 확실한 말씀을 깨닫게 하며 또
너를 보내는 자에게 진리의 말씀으로 회답
하게 하려 함이 아니냐
22 약한 자를 그가 약하다고 탈취하지 말며 곤
고한 자를 성문에서 압제하지 말라
23 대저 여호와께서 신원하여 주시고 또 그를
노략하는 자의 생명을 빼앗으시리라
24 노를 품는 자와 사귀지 말며 울분한 자와 동

행하지 말지니

25 그의 행위를 본받아 네 영혼을 올무에 빠뜨
릴까 두려움이니라

26 너는 사람과 더불어 손을 잡지 말며 남의 빚
에 보증을 서지 말라

27 만일 갚을 것이 네게 없으면 네 누운 침상도
빼앗길 것이라 네가 어찌 그리하겠느냐

28 네 선조가 세운 옛 지계석을 옮기지 말지니라

29 네가 자기의 일에 능숙한 사람을 보았느냐
이러한 사람은 왕 앞에 설 것이요 천한 자 앞
에 서지 아니하리라

### 말씀 정리하기

하나님의 자녀는 언제나 지혜롭게 올바른 삶을 선택해야 합니다. 재물과 명예, 금은과 은총, 교만과 겸손, 게으름과 성실 중에서 명예, 은총, 겸손, 성실을 구해야 합니다. 또 지혜의 말씀에 귀를 기울이며 자신이 맡은 일에 열심히 최선을 다해야 합니다.

### 말씀대로 살기로 기도해요

하나님, 언제나 지혜롭게 올바른 삶을 살고 싶어요. 하나님이 주신 지혜의 말씀에 귀기울이는 어린이가 되게 해주세요.

# 23장

1 네가 관원과 함께 앉아 음식을 먹게 되거든
삼가 네 앞에 있는 자가 누구인지를 생각하며
2 네가 만일 음식을 탐하는 자이거든 네 목에
칼을 둘 것이니라
3 그의 맛있는 음식을 탐하지 말라 그것은 속
이는 음식이니라
4 부자 되기에 애쓰지 말고 네 사사로운 지혜
를 버릴지어다
5 네가 어찌 허무한 것에 주목하겠느냐 정녕
히 재물은 스스로 날개를 내어 하늘을 나는
독수리처럼 날아가리라
6 악한 눈이 있는 자의 음식을 먹지 말며 그의
맛있는 음식을 탐하지 말지어다
7 대저 그 마음의 생각이 어떠하면 그 위인도

그러한즉 그가 네게 먹고 마시라 할지라도
그의 마음은 너와 함께 하지 아니함이라
8 네가 조금 먹은 것도 토하겠고 네 아름다운
말도 헛된 데로 돌아가리라
9 미련한 자의 귀에 말하지 말지니 이는 그가
네 지혜로운 말을 업신여길 것임이니라
10 옛 지계석을 옮기지 말며 고아들의 밭을 침
범하지 말지어다
11 대저 그들의 구속자는 강하시니 그가 너를
대적하여 그들의 원한을 풀어 주시리라
12 훈계에 착심하며 지식의 말씀에 귀를 기울
이라
13 아이를 훈계하지 아니하려고 하지 말라 채찍
으로 그를 때릴지라도 그가 죽지 아니하리라
14 네가 그를 채찍으로 때리면 그의 영혼을 스
올에서 구원하리라
15 내 아들아 만일 네 마음이 지혜로우면 나 곧

내 마음이 즐겁겠고
16 만일 네 입술이 정직을 말하면 내 속이 유쾌
하리라
17 네 마음으로 죄인의 형통을 부러워하지 말
고 항상 여호와를 경외하라
18 정녕히 네 장래가 있겠고 네 소망이 끊어지
지 아니하리라
19 내 아들아 너는 듣고 지혜를 얻어 네 마음을
바른 길로 인도할지니라
20 술을 즐겨 하는 자들과 고기를 탐하는 자들
과도 더불어 사귀지 말라
21 술 취하고 음식을 탐하는 자는 가난하여질
것이요 잠 자기를 즐겨 하는 자는 해어진 옷
을 입을 것임이니라
22 너를 낳은 아비에게 청종하고 네 늙은 어미
를 경히 여기지 말지니라
23 진리를 사되 팔지는 말며 지혜와 훈계와 명

철도 그리할지니라

24 의인의 아비는 크게 즐거울 것이요 지혜로
운 자식을 낳은 자는 그로 말미암아 즐거울
것이니라

25 네 부모를 즐겁게 하며 너를 낳은 어미를 기
쁘게 하라

26 내 아들아 네 마음을 내게 주며 네 눈으로 내
길을 즐거워할지어다

27 대저 음녀는 깊은 구덩이요 이방 여인은 좁
은 함정이라

28 참으로 그는 강도 같이 매복하며 사람들 중
에 사악한 자가 많아지게 하느니라

29 재앙이 뉘게 있느뇨 근심이 뉘게 있느뇨 분쟁
이 뉘게 있느뇨 원망이 뉘게 있느뇨 까닭 없는
상처가 뉘게 있느뇨 붉은 눈이 뉘게 있느뇨

30 술에 잠긴 자에게 있고 혼합한 술을 구하러
다니는 자에게 있느니라

31 포도주는 붉고 잔에서 번쩍이며 순하게 내
려가나니 너는 그것을 보지도 말지어다
32 그것이 마침내 뱀 같이 물 것이요 독사 같이
쏠 것이며
33 또 네 눈에는 괴이한 것이 보일 것이요 네 마
음은 구부러진 말을 할 것이며
34 너는 바다 가운데에 누운 자 같을 것이요 돛
대 위에 누운 자 같을 것이며
35 네가 스스로 말하기를 사람이 나를 때려도
나는 아프지 아니하고 나를 상하게 하여도
내게 감각이 없도다 내가 언제나 깰까 다시
술을 찾겠다 하리라

**말씀 정리하기**

지나치게 욕심부리는 탐욕을 멀리하고, 적당한 만큼만 갖는 절제를 가르쳐줍니다. 특히 음식과 술을 조심해야 합니다. 음식을 욕심내는 사람은 간사하게 속이는 음식을 먹고 함정에 빠져들 수 있으며, 술에 빠진 사람은 판단을 못하게 됨을 경고합니다.

**말씀대로 살기로 기도해요**

하나님, 지나친 욕심을 내려놓게 해주세요. 언제나 내게 필요한 것을 주시는 하나님께 감사하고 만족하는 어린이가 되고 싶어요.

# 24장

1 너는 악인의 형통함을 부러워하지 말며 그
와 함께 있으려고 하지도 말지어다
2 그들의 마음은 강포를 품고 그들의 입술은
재앙을 말함이니라
3 집은 지혜로 말미암아 건축되고 명철로 말
미암아 견고하게 되며
4 또 방들은 지식으로 말미암아 각종 귀하고
아름다운 보배로 채우게 되느니라
5 지혜 있는 자는 강하고 지식 있는 자는 힘을
더하나니
6 너는 전략으로 싸우라 승리는 지략이 많음
에 있느니라
7 지혜는 너무 높아서 미련한 자가 미치지 못
할 것이므로 그는 성문에서 입을 열지 못하

느니라
8 악행하기를 꾀하는 자를 일컬어 사악한 자
라 하느니라
9 미련한 자의 생각은 죄요 거만한 자는 사람
에게 미움을 받느니라
10 네가 만일 환난 날에 낙담하면 네 힘이 미약
함을 보임이니라
11 너는 사망으로 끌려가는 자를 건져 주며 살
륙을 당하게 된 자를 구원하지 아니하려고
하지 말라
12 네가 말하기를 나는 그것을 알지 못하였노
라 할지라도 마음을 저울질 하시는 이가 어
찌 통찰하지 못하시겠으며 네 영혼을 지키
시는 이가 어찌 알지 못하시겠느냐 그가 각
사람의 행위대로 보응하시리라
13 내 아들아 꿀을 먹으라 이것이 좋으니라 송
이꿀을 먹으라 이것이 네 입에 다니라

14 지혜가 네 영혼에게 이와 같은 줄을 알라 이
것을 얻으면 정녕히 네 장래가 있겠고 네 소
망이 끊어지지 아니하리라
15 악한 자여 의인의 집을 엿보지 말며 그가 쉬
는 처소를 헐지 말지니라
16 대저 의인은 일곱 번 넘어질지라도 다시 일
어나려니와 악인은 재앙으로 말미암아 엎드
러지느니라
17 네 원수가 넘어질 때에 즐거워하지 말며 그
가 엎드러질 때에 마음에 기뻐하지 말라
18 여호와께서 이것을 보시고 기뻐하지 아니하사
그의 진노를 그에게서 옮기실까 두려우니라
19 너는 행악자들로 말미암아 분을 품지 말며
악인의 형통함을 부러워하지 말라
20 대저 행악자는 장래가 없겠고 악인의 등불
은 꺼지리라
21 내 아들아 여호와와 왕을 경외하고 반역자

와 더불어 사귀지 말라
22 대저 그들의 재앙은 속히 임하리니 그 둘의
멸망을 누가 알랴
23 이것도 지혜로운 자들의 말씀이라 재판할
때에 낯을 보아 주는 것이 옳지 못하니라
24 악인에게 네가 옳다 하는 자는 백성에게 저
주를 받을 것이요 국민에게 미움을 받으려
니와
25 오직 그를 견책하는 자는 기쁨을 얻을 것이
요 또 좋은 복을 받으리라
26 적당한 말로 대답함은 입맞춤과 같으니라
27 네 일을 밖에서 다스리며 너를 위하여 밭에
서 준비하고 그 후에 네 집을 세울지니라
28 너는 까닭 없이 네 이웃을 쳐서 증인이 되지
말며 네 입술로 속이지 말지니라
29 너는 그가 내게 행함 같이 나도 그에게 행하
여 그가 행한 대로 그 사람에게 갚겠다 말하

지 말지니라

30 내가 게으른 자의 밭과 지혜 없는 자의 포도
원을 지나며 본즉

31 가시덤불이 그 전부에 퍼졌으며 그 지면이
거친 풀로 덮였고 돌담이 무너져 있기로

32 내가 보고 생각이 깊었고 내가 보고 훈계를
받았노라

33 네가 좀더 자자, 좀더 졸자, 손을 모으고 좀
더 누워 있자 하니

34 네 빈궁이 강도 같이 오며 네 곤핍이 군사 같
이 이르리라

**말씀 정리하기**

나쁜 사람의 일이 잘되는 것을 보더라도 부러워할 필요가 없습니다. 악인의 일이 잘 풀리는 것은 잠깐이고 곧 없어지기 때문입니다. 하나님은 우리 영혼을 지키시고 악인을 벌하십니다. 지혜는 영혼을 살찌게 하는 송이꿀 같아서 지혜를 알면 앞길이 열리고 소망이 끊어지지 않습니다.

**말씀대로 살기로 기도해요**

하나님, 못된 친구가 잘되는 것을 부러워하지 않겠습니다. 내 영혼을 살찌게 하는 지혜를 주세요. 하나님 안에서 소망을 품는 어린이가 되고 싶어요.

# 25장

## 솔로몬의 잠언

1 이것도 솔로몬의 잠언이요 유다 왕 히스기
야의 신하들이 편집한 것이니라
2 일을 숨기는 것은 하나님의 영화요 일을 살
피는 것은 왕의 영화니라
3 하늘의 높음과 땅의 깊음 같이 왕의 마음은
헤아릴 수 없느니라
4 은에서 찌꺼기를 제하라 그리하면 장색의
쓸 만한 그릇이 나올 것이요
5 왕 앞에서 악한 자를 제하라 그리하면 그의
왕위가 의로 말미암아 견고히 서리라
6 왕 앞에서 스스로 높은 체하지 말며 대인들
의 자리에 서지 말라
7 이는 사람이 네게 이리로 올라오라고 말하

는 것이 네 눈에 보이는 귀인 앞에서 저리로
내려가라고 말하는 것보다 나음이니라
8 너는 서둘러 나가서 다투지 말라 마침내 네
가 이웃에게서 욕을 보게 될 때에 네가 어찌
할 줄을 알지 못할까 두려우니라
9 너는 이웃과 다투거든 변론만 하고 남의 은
밀한 일은 누설하지 말라
10 듣는 자가 너를 꾸짖을 터이요 또 네게 대한
악평이 네게서 떠나지 아니할까 두려우니라
11 경우에 합당한 말은 아로새긴 은 쟁반에 금
사과니라
12 슬기로운 자의 책망은 청종하는 귀에 금 고
리와 정금 장식이니라
13 충성된 사자는 그를 보낸 이에게 마치 추수
하는 날에 얼음 냉수 같아서 능히 그 주인의
마음을 시원하게 하느니라
14 선물한다고 거짓 자랑하는 자는 비 없는 구

름과 바람 같으니라
15 오래 참으면 관원도 설득할 수 있나니 부드
러운 혀는 뼈를 꺾느니라
16 너는 꿀을 보거든 족하리만큼 먹으라 과식
함으로 토할까 두려우니라
17 너는 이웃집에 자주 다니지 말라 그가 너를
싫어하며 미워할까 두려우니라
18 자기의 이웃을 쳐서 거짓 증거하는 사람은
방망이요 칼이요 뾰족한 화살이니라
19 환난 날에 진실하지 못한 자를 의뢰하는 것
은 부러진 이와 위골된 발 같으니라
20 마음이 상한 자에게 노래하는 것은 추운 날에 옷
을 벗음 같고 소다 위에 식초를 부음 같으니라
21 네 원수가 배고파하거든 음식을 먹이고 목
말라하거든 물을 마시게 하라
22 그리 하는 것은 핀 숯을 그의 머리에 놓는 것
과 일반이요 여호와께서 네게 갚아 주시리라

## 25장 23~28절

23 북풍이 비를 일으킴 같이 참소하는 혀는 사
람의 얼굴에 분을 일으키느니라
24 다투는 여인과 함께 큰 집에서 사는 것보다
움막에서 혼자 사는 것이 나으니라
25 먼 땅에서 오는 좋은 기별은 목마른 사람에
게 냉수와 같으니라
26 의인이 악인 앞에 굴복하는 것은 우물이 흐
려짐과 샘이 더러워짐과 같으니라
27 꿀을 많이 먹는 것이 좋지 못하고 자기의 영
예를 구하는 것이 헛되니라
28 자기의 마음을 제어하지 아니하는 자는 성
읍이 무너지고 성벽이 없는 것과 같으니라

### 말씀 정리하기

왕 앞에서 신하의 태도와 이웃 앞에서 무엇을 조심해야 하는지를 가르쳐줍니다. 왕 앞에서는 겸손해야 합니다. 마찬가지로 하나님 앞에서 겸손한 마음을 가져야 합니다.

### 말씀대로 살기로 기도해요

하나님 앞에서 겸손한 어린이가 되고 싶어요. 하나님이 나의 왕, 온 세상의 왕이심을 알며 언제나 하나님을 높이는 어린이가 되게 해주세요.

# 26장

1 미련한 자에게는 영예가 적당하지 아니하니
마치 여름에 눈 오는 것과 추수 때에 비 오는
것 같으니라
2 까닭 없는 저주는 참새가 떠도는 것과 제비가
날아가는 것 같이 이루어지지 아니하느니라
3 말에게는 채찍이요 나귀에게는 재갈이요 미
련한 자의 등에는 막대기니라
4 미련한 자의 어리석은 것을 따라 대답하지
말라 두렵건대 너도 그와 같을까 하노라
5 미련한 자에게는 그의 어리석음을 따라 대
답하라 두렵건대 그가 스스로 지혜롭게 여
길까 하노라
6 미련한 자 편에 기별하는 것은 자기의 발을
베어 버림과 해를 받음과 같으니라

7 저는 자의 다리는 힘 없이 달렸나니 미련한
자의 입의 잠언도 그러하니라
8 미련한 자에게 영예를 주는 것은 돌을 물매
에 매는 것과 같으니라
9 미련한 자의 입의 잠언은 술 취한 자가 손에
든 가시나무 같으니라
10 장인이 온갖 것을 만들지라도 미련한 자를
고용하는 것은 지나가는 행인을 고용함과
같으니라
11 개가 그 토한 것을 도로 먹는 것 같이 미련한
자는 그 미련한 것을 거듭 행하느니라
12 네가 스스로 지혜롭게 여기는 자를 보느냐 그
보다 미련한 자에게 오히려 희망이 있느니라
13 게으른 자는 길에 사자가 있다 거리에 사자
가 있다 하느니라
14 문짝이 돌쩌귀를 따라서 도는 것 같이 게으
른 자는 침상에서 도느니라

15 게으른 자는 그 손을 그릇에 넣고도 입으로
올리기를 괴로워하느니라
16 게으른 자는 사리에 맞게 대답하는 사람 일
곱보다 자기를 지혜롭게 여기느니라
17 길로 지나가다가 자기와 상관 없는 다툼을 간
섭하는 자는 개의 귀를 잡는 자와 같으니라
18 횃불을 던지며 화살을 쏘아서 사람을 죽이
는 미친 사람이 있나니
19 자기의 이웃을 속이고 말하기를 내가 희롱
하였노라 하는 자도 그러하니라
20 나무가 다하면 불이 꺼지고 말쟁이가 없어
지면 다툼이 쉬느니라
21 숯불 위에 숯을 더하는 것과 타는 불에 나무
를 더하는 것 같이 다툼을 좋아하는 자는 시
비를 일으키느니라
22 남의 말 하기를 좋아하는 자의 말은 별식과
같아서 뱃속 깊은 데로 내려가느니라

## 26장 23~28절

23 온유한 입술에 악한 마음은 낮은 은을 입힌
토기니라
24 원수는 입술로는 꾸미고 속으로는 속임을
품나니
25 그 말이 좋을지라도 믿지 말 것은 그 마음에
일곱 가지 가증한 것이 있음이니라
26 속임으로 그 미움을 감출지라도 그의 악이
회중 앞에 드러나리라
27 함정을 파는 자는 그것에 빠질 것이요 돌을
굴리는 자는 도리어 그것에 치이리라
28 거짓말 하는 자는 자기가 해한 자를 미워하
고 아첨하는 입은 패망을 일으키느니라

### 말씀 정리하기

미련한 사람, 게으른 사람, 흉보기 좋아하는 사람을 조심하라는 내용입니다. 특히 미련한 사람과 말싸움하지 말고, 어리석은 사람은 반복해서 어리석은 행동을 한다고 경고합니다.

### 말씀대로 살기로 기도해요

하나님, 미련한 사람, 게으른 사람, 흉보기를 좋아하는 사람들과 어울리지 않게 해주세요. 말싸움하지 않고 어리석게 행동하지 않도록 인도해 주세요.

# 27장

1 너는 내일 일을 자랑하지 말라 하루 동안에
무슨 일이 일어날는지 네가 알 수 없음이니라
2 타인이 너를 칭찬하게 하고 네 입으로는 하
지 말며 외인이 너를 칭찬하게 하고 네 입술
로는 하지 말지니라
3 돌은 무겁고 모래도 가볍지 아니하거니와
미련한 자의 분노는 이 둘보다 무거우니라
4 분은 잔인하고 노는 창수 같거니와 투기 앞
에야 누가 서리요
5 면책은 숨은 사랑보다 나으니라
6 친구의 아픈 책망은 충직으로 말미암는 것
이나 원수의 잦은 입맞춤은 거짓에서 난 것
이니라
7 배부른 자는 꿀이라도 싫어하고 주린 자에

게는 쓴 것이라도 다니라

8 고향을 떠나 유리하는 사람은 보금자리를

떠나 떠도는 새와 같으니라

9 기름과 향이 사람의 마음을 즐겁게 하나니 친

구의 충성된 권고가 이와 같이 아름다우니라

10 네 친구와 네 아비의 친구를 버리지 말며 네

환난 날에 형제의 집에 들어가지 말지어다

가까운 이웃이 먼 형제보다 나으니라

11 내 아들아 지혜를 얻고 내 마음을 기쁘게 하

라 그리하면 나를 비방하는 자에게 내가 대

답할 수 있으리라

12 슬기로운 자는 재앙을 보면 숨어 피하여도

어리석은 자들은 나가다가 해를 받느니라

13 타인을 위하여 보증 선 자의 옷을 취하라 외

인들을 위하여 보증 선 자는 그의 몸을 볼모

잡을지니라

14 이른 아침에 큰 소리로 자기 이웃을 축복하

면 도리어 저주 같이 여기게 되리라

15 다투는 여자는 비 오는 날에 이어 떨어지는
물방울이라

16 그를 제어하기가 바람을 제어하는 것 같고
오른손으로 기름을 움키는 것 같으니라

17 철이 철을 날카롭게 하는 것 같이 사람이 그
의 친구의 얼굴을 빛나게 하느니라

18 무화과나무를 지키는 자는 그 과실을 먹고 자
기 주인에게 시중드는 자는 영화를 얻느니라

19 물에 비치면 얼굴이 서로 같은 것 같이 사람
의 마음도 서로 비치느니라

20 스올과 아바돈은 만족함이 없고 사람의 눈
도 만족함이 없느니라

21 도가니로 은을, 풀무로 금을, 칭찬으로 사람
을 단련하느니라

22 미련한 자를 곡물과 함께 절구에 넣고 공이
로 찧을지라도 그의 미련은 벗겨지지 아니

하느니라

23 네 양 떼의 형편을 부지런히 살피며 네 소 떼
에게 마음을 두라

24 대저 재물은 영원히 있지 못하나니 면류관
이 어찌 대대에 있으랴

25 풀을 벤 후에는 새로 움이 돋나니 산에서 꼴
을 거둘 것이니라

26 어린 양의 털은 네 옷이 되며 염소는 밭을 사
는 값이 되며

27 염소의 젖은 넉넉하여 너와 네 집의 음식이
되며 네 여종의 먹을 것이 되느니라

### 말씀 정리하기

충고와 책망은 듣는 사람에게 아픈 상처를 주지만 꼭 필요합니다. 아무리 믿음이 좋고 착한 사람이라도 잘못을 하기 마련인데, 이때 필요한 것이 가까운 사람의 충고와 책망입니다. 나쁜 친구는 듣기 좋은 거짓말을 하지만, 좋은 친구는 진심어린 충고를 합니다.

### 말씀대로 살기로 기도해요

하나님, 진심어린 충고를 하는 사람을 더욱 가까이에 두는 지혜로운 사람이 되게 해주세요. 저도 진심으로 친구를 대하고, 사랑의 마음으로 충고하도록 도와주세요.

# 28장

1 악인은 쫓아오는 자가 없어도 도망하나 의
인은 사자 같이 담대하니라
2 나라는 죄가 있으면 주관자가 많아져도 명
철과 지식 있는 사람으로 말미암아 장구하
게 되느니라
3 가난한 자를 학대하는 가난한 자는 곡식을
남기지 아니하는 폭우 같으니라
4 율법을 버린 자는 악인을 칭찬하나 율법을
지키는 자는 악인을 대적하느니라
5 악인은 정의를 깨닫지 못하나 여호와를 찾
는 자는 모든 것을 깨닫느니라
6 가난하여도 성실하게 행하는 자는 부유하면
서 굽게 행하는 자보다 나으니라
7 율법을 지키는 자는 지혜로운 아들이요 음

식을 탐하는 자와 사귀는 자는 아비를 욕되
게 하는 자니라
8 중한 변리로 자기 재산을 늘리는 것은 가난
한 사람을 불쌍히 여기는 자를 위해 그 재산
을 저축하는 것이니라
9 사람이 귀를 돌려 율법을 듣지 아니하면 그
의 기도도 가증하니라
10 정직한 자를 악한 길로 유인하는 자는 스스
로 자기 함정에 빠져도 성실한 자는 복을 받
느니라
11 부자는 자기를 지혜롭게 여기나 가난해도
명철한 자는 자기를 살펴 아느니라
12 의인이 득의하면 큰 영화가 있고 악인이 일
어나면 사람이 숨느니라
13 자기의 죄를 숨기는 자는 형통하지 못하나
죄를 자복하고 버리는 자는 불쌍히 여김을
받으리라

14 항상 경외하는 자는 복되거니와 마음을 완
악하게 하는 자는 재앙에 빠지리라
15 가난한 백성을 압제하는 악한 관원은 부르
짖는 사자와 주린 곰 같으니라
16 무지한 치리자는 포학을 크게 행하거니와
탐욕을 미워하는 자는 장수하리라
17 사람의 피를 흘린 자는 함정으로 달려갈 것
이니 그를 막지 말지니라
18 성실하게 행하는 자는 구원을 받을 것이나
굽은 길로 행하는 자는 곧 넘어지리라
19 자기의 토지를 경작하는 자는 먹을 것이 많
으려니와 방탕을 따르는 자는 궁핍함이 많
으리라
20 충성된 자는 복이 많아도 속히 부하고자 하
는 자는 형벌을 면하지 못하리라
21 사람의 낯을 보아 주는 것이 좋지 못하고 한
조각 떡으로 말미암아 사람이 범법하는 것

도 그러하니라

22 악한 눈이 있는 자는 재물을 얻기에만 급하
고 빈궁이 자기에게로 임할 줄은 알지 못하
느니라

23 사람을 경책하는 자는 혀로 아첨하는 자보
다 나중에 더욱 사랑을 받느니라

24 부모의 물건을 도둑질하고서도 죄가 아니라
하는 자는 멸망 받게 하는 자의 동류니라

25 욕심이 많은 자는 다툼을 일으키나 여호와
를 의지하는 자는 풍족하게 되느니라

26 자기의 마음을 믿는 자는 미련한 자요 지혜
롭게 행하는 자는 구원을 얻을 자니라

27 가난한 자를 구제하는 자는 궁핍하지 아니
하려니와 못 본 체하는 자에게는 저주가 크
리라

28 악인이 일어나면 사람이 숨고 그가 멸망하
면 의인이 많아지느니라

### 말씀 정리하기

하나님의 말씀을 지키는 의인과 하나님을 믿지 않는 악인의 차이점을 보여줍니다. 의인은 하나님 말씀을 의지하고 말씀대로 살려고 노력합니다. 또 하나님을 높이며 자신의 죄를 하나님 앞에 고백합니다. 그러나 악인은 마음을 악하게 먹고 하나님의 법을 저버립니다. 결국 악인은 하나님의 벌을 받게 됩니다.

### 말씀대로 살기로 기도해요

하나님, 하나님 말씀을 의지하여 말씀대로 살고 싶어요. 하나님을 높이고 죄를 멀리하며 살 수 있게 도와주세요.

# 29장

1 자주 책망을 받으면서도 목이 곧은 사람은
갑자기 패망을 당하고 피하지 못하리라
2 의인이 많아지면 백성이 즐거워하고 악인이
권세를 잡으면 백성이 탄식하느니라
3 지혜를 사모하는 자는 아비를 즐겁게 하여
도 창기와 사귀는 자는 재물을 잃느니라
4 왕은 정의로 나라를 견고하게 하나 뇌물을
억지로 내게 하는 자는 나라를 멸망시키느
니라
5 이웃에게 아첨하는 것은 그의 발 앞에 그물
을 치는 것이니라
6 악인이 범죄하는 것은 스스로 올무가 되게
하는 것이나 의인은 노래하고 기뻐하느니라
7 의인은 가난한 자의 사정을 알아 주나 악인

은 알아 줄 지식이 없느니라
8 거만한 자는 성읍을 요란하게 하여도 슬기
로운 자는 노를 그치게 하느니라
9 지혜로운 자와 미련한 자가 다투면 지혜로
운 자가 노하든지 웃든지 그 다툼은 그침이
없느니라
10 피 흘리기를 좋아하는 자는 온전한 자를 미
워하고 정직한 자의 생명을 찾느니라
11 어리석은 자는 자기의 노를 다 드러내어도
지혜로운 자는 그것을 억제하느니라
12 관원이 거짓말을 들으면 그의 하인들은 다
악하게 되느니라
13 가난한 자와 포학한 자가 섞여 살거니와 여
호와께서는 그 모두의 눈에 빛을 주시느니라
14 왕이 가난한 자를 성실히 신원하면 그의 왕
위가 영원히 견고하리라
15 채찍과 꾸지람이 지혜를 주거늘 임의로 행하

게 버려 둔 자식은 어미를 욕되게 하느니라
16 악인이 많아지면 죄도 많아지나니 의인은
그들의 망함을 보리라
17 네 자식을 징계하라 그리하면 그가 너를 평
안하게 하겠고 또 네 마음에 기쁨을 주리라
18 묵시가 없으면 백성이 방자히 행하거니와
율법을 지키는 자는 복이 있느니라
19 종은 말로만 하면 고치지 아니하나니 이는
그가 알고도 따르지 아니함이니라
20 네가 말이 조급한 사람을 보느냐 그보다 미
련한 자에게 오히려 희망이 있느니라
21 종을 어렸을 때부터 곱게 양육하면 그가 나
중에는 자식인 체하리라
22 노하는 자는 다툼을 일으키고 성내는 자는
범죄함이 많으니라
23 사람이 교만하면 낮아지게 되겠고 마음이
겸손하면 영예를 얻으리라

24 도둑과 짝하는 자는 자기의 영혼을 미워하
는 자라 그는 저주를 들어도 진술하지 아니
하느니라
25 사람을 두려워하면 올무에 걸리게 되거니와
여호와를 의지하는 자는 안전하리라
26 주권자에게 은혜를 구하는 자가 많으나 사
람의 일의 작정은 여호와께로 말미암느니라
27 불의한 자는 의인에게 미움을 받고 바르게
행하는 자는 악인에게 미움을 받느니라

### 말씀 정리하기

솔로몬 왕이 나라를 다스리면서 하나님께 받은 지혜를 소개합니다. 한 나라가 강해지고 주변 나라에게 존경받기 위해서는 왕이 공평하고 올바르게 다스려야 합니다. 오직 하나님께서 주시는 지혜로 나라를 올바르게 다스릴 수 있습니다.

### 말씀대로 살기로 기도해요

하나님, 나라를 잘 다스리기 위해 먼저 지혜를 구한 솔로몬처럼 지혜를 구하는 어린이가 되고 싶어요. 하나님이 주신 지혜로 몸과 마음, 생각을 다스리게 해주세요.

# 30장

## 아굴의 잠언

1 이 말씀은 야게의 아들 아굴의 잠언이니 그
가 이디엘 곧 이디엘과 우갈에게 이른 것이
니라
2 나는 다른 사람에게 비하면 짐승이라 내게
는 사람의 총명이 있지 아니하니라
3 나는 지혜를 배우지 못하였고 또 거룩하신
자를 아는 지식이 없거니와
4 하늘에 올라갔다가 내려온 자가 누구인지,
바람을 그 장중에 모은 자가 누구인지, 물을
옷에 싼 자가 누구인지, 땅의 모든 끝을 정한
자가 누구인지, 그의 이름이 무엇인지, 그의
아들의 이름이 무엇인지 너는 아느냐
5 하나님의 말씀은 다 순전하며 하나님은 그

를 의지하는 자의 방패시니라

6 너는 그의 말씀에 더하지 말라 그가 너를 책
망하시겠고 너는 거짓말하는 자가 될까 두
려우니라

7 내가 두 가지 일을 주께 구하였사오니 내가
죽기 전에 내게 거절하지 마시옵소서

8 곧 헛된 것과 거짓말을 내게서 멀리 하옵시
며 나를 가난하게도 마옵시고 부하게도 마
옵시고 오직 필요한 양식으로 나를 먹이시
옵소서

9 혹 내가 배불러서 하나님을 모른다 여호와
가 누구냐 할까 하오며 혹 내가 가난하여 도
둑질하고 내 하나님의 이름을 욕되게 할까
두려워함이니이다

10 너는 종을 그의 상전에게 비방하지 말라 그
가 너를 저주하겠고 너는 죄책을 당할까 두
려우니라

11 아비를 저주하며 어미를 축복하지 아니하는
무리가 있느니라
12 스스로 깨끗한 자로 여기면서도 자기의 더
러운 것을 씻지 아니하는 무리가 있느니라
13 눈이 심히 높으며 눈꺼풀이 높이 들린 무리
가 있느니라
14 앞니는 장검 같고 어금니는 군도 같아서 가
난한 자를 땅에서 삼키며 궁핍한 자를 사람
중에서 삼키는 무리가 있느니라
15 거머리에게는 두 딸이 있어 다오 다오 하느
니라 족한 줄을 알지 못하여 족하다 하지 아
니하는 것 서넛이 있나니
16 곧 스올과 아이 배지 못하는 태와 물로 채울
수 없는 땅과 족하다 하지 아니하는 불이니라
17 아비를 조롱하며 어미 순종하기를 싫어하는
자의 눈은 골짜기의 까마귀에게 쪼이고 독
수리 새끼에게 먹히리라

18 내가 심히 기이히 여기고도 깨닫지 못하는
것 서넛이 있나니
19 곧 공중에 날아다니는 독수리의 자취와 반
석 위로 기어 다니는 뱀의 자취와 바다로 지
나다니는 배의 자취와 남자가 여자와 함께
한 자취며
20 음녀의 자취도 그러하니라 그가 먹고 그의
입을 씻음 같이 말하기를 내가 악을 행하지
아니하였다 하느니라
21 세상을 진동시키며 세상이 견딜 수 없게 하
는 것 서넛이 있나니
22 곧 종이 임금된 것과 미련한 자가 음식으로
배부른 것과
23 미움 받는 여자가 시집 간 것과 여종이 주모
를 이은 것이니라
24 땅에 작고도 가장 지혜로운 것 넷이 있나니
25 곧 힘이 없는 종류로되 먹을 것을 여름에 준

비하는 개미와
26 약한 종류로되 집을 바위 사이에 짓는 사반과
27 임금이 없으되 다 떼를 지어 나아가는 메뚜
기와
28 손에 잡힐 만하여도 왕궁에 있는 도마뱀이
니라
29 잘 걸으며 위풍 있게 다니는 것 서넛이 있나니
30 곧 짐승 중에 가장 강하여 아무 짐승 앞에서
도 물러가지 아니하는 사자와
31 사냥개와 숫염소와 및 당할 수 없는 왕이니라
32 만일 네가 미련하여 스스로 높은 체하였거
나 혹 악한 일을 도모하였거든 네 손으로 입
을 막으라
33 대저 젖을 저으면 엉긴 젖이 되고 코를 비틀
면 피가 나는 것 같이 노를 격동하면 다툼이
남이니라

## 말씀 정리하기

30장은 아굴의 잠언입니다. 아굴은 사람들이 하나님의 말씀만 의지하면서 살기를 바랍니다. 그리고 모든 사람이 하지 말아야 할 나쁜 행동을 알려줍니다. 특별히 15-31절은 '숫자 잠언'이라는 별명이 있는데, 여기에는 지혜 있는 사람이 멀리해야 할 것과 본받을 것에 대한 내용이 담겨 있습니다.

## 말씀대로 살기로 기도해요

하나님, 하나님의 말씀이 저를 지키는 방패임을 믿습니다. 나쁜 행동을 조심하고 하나님 말씀을 의지하며 사는 어린이가 되게 해주세요.

# 31장

1 르무엘 왕이 말씀한 바 곧 그의 어머니가 그
를 훈계한 잠언이라
2 내 아들아 내가 무엇을 말하랴 내 태에서 난
아들아 내가 무엇을 말하랴 서원대로 얻은
아들아 내가 무엇을 말하랴
3 네 힘을 여자들에게 쓰지 말며 왕들을 멸망
시키는 일을 행하지 말지어다
4 르무엘아 포도주를 마시는 것이 왕들에게
마땅하지 아니하고 왕들에게 마땅하지 아니
하며 독주를 찾는 것이 주권자들에게 마땅
하지 않도다
5 술을 마시다가 법을 잊어버리고 모든 곤고
한 자들의 송사를 굽게 할까 두려우니라
6 독주는 죽게 된 자에게, 포도주는 마음에 근

심하는 자에게 줄지어다

7 그는 마시고 자기의 빈궁한 것을 잊어버리
겠고 다시 자기의 고통을 기억하지 아니하
리라

8 너는 말 못하는 자와 모든 고독한 자의 송사
를 위하여 입을 열지니라

9 너는 입을 열어 공의로 재판하여 곤고한 자
와 궁핍한 자를 신원할지니라

### 현숙한 아내

10 누가 현숙한 여인을 찾아 얻겠느냐 그의 값
은 진주보다 더 하니라

11 그런 자의 남편의 마음은 그를 믿나니 산업
이 핍절하지 아니하겠으며

12 그런 자는 살아 있는 동안에 그의 남편에게
선을 행하고 악을 행하지 아니하느니라

13 그는 양털과 삼을 구하여 부지런히 손으로
일하며

14 상인의 배와 같아서 먼 데서 양식을 가져 오며
15 밤이 새기 전에 일어나서 자기 집안 사람들
에게 음식을 나누어 주며 여종들에게 일을
정하여 맡기며
16 밭을 살펴 보고 사며 자기의 손으로 번 것을
가지고 포도원을 일구며
17 힘 있게 허리를 묶으며 자기의 팔을 강하게
하며
18 자기의 장사가 잘 되는 줄을 깨닫고 밤에 등
불을 끄지 아니하며
19 손으로 솜뭉치를 들고 손가락으로 가락을
잡으며
20 그는 곤고한 자에게 손을 펴며 궁핍한 자를
위하여 손을 내밀며
21 자기 집 사람들은 다 홍색 옷을 입었으므로
눈이 와도 그는 자기 집 사람들을 위하여 염
려하지 아니하며

22 그는 자기를 위하여 아름다운 이불을 지으
며 세마포와 자색 옷을 입으며
23 그의 남편은 그 땅의 장로들과 함께 성문에
앉으며 사람들의 인정을 받으며
24 그는 베로 옷을 지어 팔며 띠를 만들어 상인
들에게 맡기며
25 능력과 존귀로 옷을 삼고 후일을 웃으며
26 입을 열어 지혜를 베풀며 그의 혀로 인애의
법을 말하며
27 자기의 집안 일을 보살피고 게을리 얻은 양
식을 먹지 아니하나니
28 그의 자식들은 일어나 감사하며 그의 남편
은 칭찬하기를
29 덕행 있는 여자가 많으나 그대는 모든 여자
보다 뛰어나다 하느니라
30 고운 것도 거짓되고 아름다운 것도 헛되나
오직 여호와를 경외하는 여자는 칭찬을 받

31장 31절

을 것이라

31 그 손의 열매가 그에게로 돌아갈 것이요 그
행한 일로 말미암아 성문에서 칭찬을 받으
리라

**말씀 정리하기**

르무엘 왕의 어머니가 사랑하는 아들에게 교훈하는 잠언입니다. 어머니는 현숙한 아내를 맞이할 것을 당부하고 있습니다. 현숙한 여인이란 하나님을 높이고 부지런하게 살아가는 여인을 말합니다.

**말씀대로 살기로 기도해요**

하나님, 부모님의 말씀에 순종하는 어린이가 되고 싶어요. 언제나 하나님을 높이며 부지런히 살아가는 사람이 되게 해주세요.

***

"사람의 마음에는 많은 계획이 있어도
오직 여호와의 뜻만이 완전히 서리라"

–잠언 19장 21절

말씀 먹는 성경 따라쓰기 - 잠언

**초판 1쇄** 2025년 1월 15일

**엮은이** 주니어아가페 편집부

**펴낸이** 곽성종
**펴낸곳** 주니어아가페
**등록** 제22-2980호(2006년 9월 14일)
**주소** (08806) 서울시 관악구 남부순환로 2082-33(남현동)
**전화** 584-4835(본사), 522-5148(편집부)
**팩스** 586-3078(본사), 586-3088(편집부)
**홈페이지** www.agape25.com
**ISBN** 979-11-5640-094-3 (74230)
979-11-5640-093-6 (세트)

저작권법에 의해 한국 내에서 보호받는 저작물이므로 무단전재와 복제를 금합니다.
KC마크는 이 제품이 공통안전기준에 적합하였음을 의미합니다.

본서에 사용한 『성경전서 개역개정판』의 저작권은 재단법인 대한성서공회 소유이며 재단법인 대한성서공회의 허락을 받고 사용하였습니다.

주니어아가페는 (주)아가페출판사의 어린이 전문 브랜드입니다.

---

**분당직영서점** 전화 (031) 714-7273 | 팩스 (031) 714-7177
**인터넷서점** www.agapemall.co.kr
* 인터넷에서 '아가페몰'을 검색하세요.

아가페 출판사

illustration by Freepik

쉽게 이해하며 마음에 새기는 하나님 말씀

# 아가페 따라쓰기 시리즈

## 쉬운성경 잠언·요한복음 따라쓰기

▲ 쉬운성경 잠언 따라쓰기 | 188*257 | 112면

▲ 쉬운성경 요한복음 따라쓰기 | 188*257 | 160면

말씀을 어려워하는 아이들에게 추천!

아가페 쉬운성경으로
하나님의 말씀을 써보세요.

* 자세한 내용은 아가페 홈페이지를 참고하세요.

www.agape25.com [주]아가페출판사

영어로 쓰며 마음에 새기는 하나님의 말씀

# 아가페 영어성경 쓰기 시리즈

## 영어성경 잠언·요한복음 쓰기

▲ 영어성경 잠언 쓰기(쉬운성경, NLT) | 188*257 | 176면

▲ 영어성경 요한복음 쓰기(쉬운성경, NIV) | 188*257 | 224면

이해하기 쉬운 '쉬운성경'과 쉬운 영어로 표현된 'NLT',
가장 보편적으로 읽는 'NIV' 영어성경과 대조하며 써보세요.

* 자세한 내용은 아가페 홈페이지를 참고하세요.

영어로 쓰며 마음에 새기는 핵심 말씀

# 어린이 영어말씀 따라쓰기 시리즈

## 한영 요절말씀·지혜말씀 따라쓰기

▲ 어린이를 위한 한영 요절말씀 따라쓰기 | 188*257 | 120면

▲ 지혜를 키우는 한영 지혜말씀 따라쓰기 | 188*257 | 120면

어린이가 꼭 알아야 할 핵심 말씀을
한글(개역개정)과 영어(NLT)로 따라써 보세요!

일주일에 한 구절씩 따라쓰며 암송하면
일 년에 52구절을 한글과 영어로 익힐 수 있어요.

www.agape25.com [주]아가페출판사

새롭게 마음에 새기는 하나님 말씀

# 아가페 새번역 따라쓰기 시리즈

## 새번역 잠언·요한복음서·시편 따라쓰기

▲ 새번역 잠언 따라쓰기 | 188*257 | 120면

▲ 새번역 요한복음서 따라쓰기 | 188*257 | 148면

▲ 새번역 시편 따라쓰기 | 188*257 | 328면

### 새번역 성경을 본문으로 만든 따라쓰기!

남녀노소 누구나 쉽게 쓸 수 있는
새번역 성경 따라쓰기도 아가페와 함께해요.

[주]아가페출판사 www.agape25.com

* 자세한 내용은 아가페 홈페이지를 참고하세요.